JN367728

우화들

우화들

김겨울

시간의흐름 시인선 4

시간의흐름。

시인의 말

모든 지점으로 향하는 장력은 자기 확인의
또 다른 이름이다. 모든 곳에 존재하려고
하는 사람은 아무데도 존재할 수 없게 된다.
혹은 아무데도 존재하길 원하지 않는
사람이 모든 곳으로 끌려가려 한다.

그러나 실은 하나의 점일 뿐이다.
점에는 부피도 길이도 무게도 없으므로,
오로지 허공의 모든 곳에 자신이 있다는
사실을 믿기만 하면 된다.

허공에 고향을 지을 수 있다.
정말로 그렇다.

* 각 시의 첫 행은 여섯 줄을 비우고 시작했다.
* 같은 시 안에서 다음 연의 첫 행이 다음 쪽에서
  시작할 때는 세 줄을 비웠다.

차례

97 해설·선우은실(문학평론가)

신에서 인간으로,
인간에서 동물로 가는 길은
하강이 아니다.

무 한 히 열 두 갈 래 로 갈 라 지 는 길

1.

그는 오랫동안 문고리를 바라보았다 오랫동안 문고리를 바라보면서 짐을 쌌다 그 어떤 새로운 소식도 그에게는 들려오지 않았고 그는 이곳에서 나가는 것이 그에게 주어진 사명임을 어렵지 않게 알아챘다 사명이 사명인 이유는 그 자신에게 그것이 사명으로 선언되기 때문이다 그 자신이 사명이라고 느끼지 못하는 그 어떤 행위도 사명이 될 수는 없으므로, 신은 문고리에 아주 작은 구멍을 뚫어놓고 잠금장치가 없음을 그에게 확인시켰다 그리고 그가 절대로 그곳을 나서지 못하리라고 선언했다 그는 잠기지 않은 문고리가 그에게 권능을 하사했음을 깨닫고 크게 한숨 쉬었다 그는 옷가지와 전병, 슬피 우는 물병을 넣고 일어나 지팡이를 바닥에 땅, 두드렸고 그러자 문고리는 웃으며 그에게 말했다 어서 가십시오. 이제 당신의 인생은 끝났습니다.

2.

노새는 불만이 많았으나 묵묵히 그를 따라다녔다 그에게는 무성한 소문이 붙어 다녔는데 그것은 그만이, 오로지 그만이 신의 소식을 전하고 있다는 루머였다 그것은 그저 루머였기 때문에 그는 누가 묻는 질문이든 거절했다 아낙네가, 얼굴에 흙이 묻은 아낙네가 다가와 그에게 말을 걸었을 때도 그러했다 댁이 그 뭐든지 안다는 그 스승이오? 죄송합니다. 저에게는 아무런 답변이 없습니다. 그가 그렇게 답한 것은 답변하고 싶지 않아서가 아니라 정말로 그에게 답변이 없어서임을 사람들은 몰랐다 사람들은 몰랐기 때문에 그가 신의 뜻을 숨기고 있다고 생각했다 그들은 그가 신의 뜻을 독점하고 있다는 사실에 절망하였기에 한데 모여 그를 힐난하였다 사람들은 한데 모여 힐난하느라 그를 환영하지 않았다 아낙네는 그놈의 지팡이, 하고 코웃음 치며 엊그저께 떠나보낸 남편의 얼굴을 생각했다

그는 예언 없는 예언자가 된 것을 스스로 축하했다 눈을 감아도 하늘을 올려다보아도 아무런 소리가 들리지 않는다는 사실에 안도했다 그가 신의 소식을 전하고 있는 것은 사실이었으나 사람들에게 전할 아무런 소식이 없는 것이 소식이라는 사실을 그는 알지 못했다 소식을 전하지 않는 것이 소식을 전하는 일임을 알기 위해서는 소식이 있는 나날들이 있어야 했으나 그런 나날은 주어지지 않았으므로 그는 그저 자신이 소식을 듣지 못하고 있다고 생각했다 그는 그것으로 만족했고 사람들은 이제 그를 사기꾼이라고 불렀다 아

무런 답변 없는 자는 사기꾼이다 저 사기꾼의 오만한 침묵을 매우 쳐라

3.

다른 이 아닌 그를 위한 단 하나의 예언이 있었다 그는 자신이 들은 단 하나의 예언을 실현하기 위해 절벽에 가기로 했다 이 땅에 그렇게 까마득한 절벽이 있던가? 그는 그를 힐난하는 사람들에게 근처에 절벽이 있는지 물었고 사람들은 그가 절벽에서 신의 뜻을 전할까 싶어 주춤거렸다 신에게서 떨어지라는 것이 신의 뜻이기라도 한 것처럼 사람들은 손가락으로 저 동쪽에 있는 숲을 지나면 될 거라고 조심스럽게 속삭였다 그는 지친 노새를 끌고 숲을 향해 걸었으나 노새는 무슨 일인지 몸통을 흔들며 숲에 들어가기를 거부했다 혹은 숲에 들어가고자 하는 그를 따라나서기를 거부했다 하는 수 없이 그는 짐을 모두 끌러 등에 메고 노새를 마을 어귀의 나무에 묶었다 숲으로 들어가는 그의 뒷모습에 대고 노새가 푸르르, 푸르르, 콧소리를 내었다

4.

그는 홀린 듯이 왼쪽으로 걸었다 왼쪽으로 왼쪽으로 길이 갈라질 때마다 그는 처음부터 길을 알고 있는 사람처럼 왼쪽 길을 택해 걸었다 그러나 그는 자신

이 왼쪽 길을 택하고 있다는 사실을 알지 못했다 즉 그 자신이 왼쪽 길을 걷고 있다는 사실은 알고 있었으나 그 선택이 그에게 유의미하게 수면 위로 떠오르지는 못했다 선택이 의미를 가지기 위해서는 그 자신이 선택을 하고 있다는 사실을 알아야 하지만 그는 그런 것을 알지 못했기에 자신이 왜 왼쪽을 택해 걷고 있는지 물을 생각조차 하지 못했다 그는 오로지 절벽만을 생각했다 머리 위를 스치는 서늘한 풀 소리와 등 뒤를 밟는 새의 나지막한 날갯소리를 그는 듣지 못했다 절벽만이, 오로지 절벽만이 그를 구원하리라 모든 것을 되돌릴 수 있으리라 바람이 그를 도우리라 세상의 무엇도 그것보다 중요할 수는 없었다 이것만이 유일한 예언이었기 때문이다 세상에 대한 예언이 없고 여기에만 예언이 있었기 때문이다 사람들에게는 없고 자신에게만 있었기 때문이다 여기에 있는 예언을 치러야만 모든 것을 돌려받을 수 있었기 때문이다 그는 앞으로 나아가는 줄을 알면서 왼쪽으로 나아갔다

5.

쪼개진 햇빛이 그의 얼굴 위로 떨어졌다

6.

피 흘리는 그를 아낙네가 발견했다 그는 두 손으로 고개를 감싸고 고개를 흔들며 말했다 죄송합니다. 저에

게는 예언이 없습니다. 아낙네는 그에게 닥치라고 말한 뒤 나뭇등걸에서 닥치는 대로 풀 몇 포기를 뽑아 잘게 잡아 뜯었다 충분히 축축할 만큼 잘게 뜯고 나서 아낙네는 그에게 두 손을 내리라고 말한 뒤 피가 흐르는 볼에 축축한 손을 익숙한 손놀림으로 갖다 대었다 햇빛에 베인 살 위로 하얀 액체가 묻자 살은 스스로를 봉합하기 시작했다 갈라졌던 볼의 상처가 씻은 듯이 사라지자 그가 놀란 표정으로 아낙네를 바라보았다 이게 어떻게 된 일이오? 아낙네는 코웃음 치며 내가 없던 사람이 되는 것이 당신의 예언이오, 하는 말을 남기고 미련 없이 뒤돌아 걷기 시작했다 그는 신에게 그런 예언을 들은 적이 없기에 아낙네가 잘못된 예언을 알고 있거나 일부러 잘못된 예언을 일러주는 것이라고 생각했다 자신이 들은 예언은 다르게 표현된 그 어떤 예언과도 같을 수 없다고 생각했기에 그는 자신의 예언이 아낙네가 들은 예언과 같을 수 있다는 생각을 하지 못했다 그는 잘못된 예언에는 예언의 능력이 없으므로 무시하는 것이 맞다고 생각하면서도 아낙네가 굳이 예언이라는 말을 쓴다는 사실에 의아함을 느꼈다 그가 손으로 볼을 만지는 동안 아낙네는 나무 사이를 헤치고 나가 더 이상 보이지 않을 때까지 빠른 속도로 걸어나갔다

7.

며칠이 지났는지 모를 일이었다 그는 이제 들었다 그가 지쳐 누우면 속삭이는 소리가 들려왔고 기운을 차려 걸으면 뒤를 밟는 소리가 들려왔다 어쩌면 사람들이 따라왔을지도 모른다고, 그는 생각했다 다들 한마디라도 나눠 듣고 싶어 했으니 이런 식으로 자신이 잃은 것을 찾으러 왔을지도 모른다고, 무엇을 잃은 사람은 아무것도 두려워지지 않기 때문에 두려움 없이 자신을 쫓아왔을지도 모른다고, 처음부터 이곳을 알려준 것도 그들이 아니었느냐고, 속삭이는 소리도 그들의 목소리가 아니냐고, 그는 생각했다 그는 생각하느라 진짜로 들려오는 소리와 자신이 듣는다고 생각하는 소리를 구별해내는 데에 어려움을 겪기 시작했다 또는, 그 모든 것이 사실은 아무런 소리도 아닐지도 모른다는 생각에 혼란스러워하기 시작했다 그러나 그는 새벽이슬에도 떨지 않았고 밤의 거미에도 놀라지 않았으며 뾰족한 돌을 밟아도 아파하지 않았기 때문에 여전히 신이, 신이 자신을 지켜보고 있다고 믿었다 그래서 소리가 나는 곳을 멍하니 지켜보는 습관이 생겼다 아무 일도 일어나지 않으면 그것은 곧 신의 격려라고 그는 생각했다 신에게서 아무런 소식이 없는 허무를 예언자는 그런 식으로 견뎠다

8.

너는 홀로 말하지 않는 자가 되고 난 후에 가진 모든 것을 가장 멀리 버리라 그러면 비로소 모든 것을 기억하리라

9.

바람이 더 멀리 부는 느낌이 들었다 절벽 아래로 까마득한 강물이 흘렀다 그는 이곳에서라면 자신의 힘으로 무언가를 가장 멀리 던질 수 있을 거라고 생각했다 여기서라면 모든 것이 아래로 떨어지는 세상의 이치가 자신을 도울 일이었다 신은 어쩌자고 이런 조건을 걸었을까? 그는 자신이 밟은 땅에서 돌이 강물로 떨어지는 규칙적인 소리를 들으며 장기판의 말에 불과한 자신에게 예언의 가치가 없다고 생각했다 이런 작은 존재에게 신이 예언할 이유가 없다고 느꼈다 그는 자신이 받은 예언이 사실은 예언을 가장한 형벌이 아닐지 의심했다 그렇다면 이 모든 일이 설명될 수 있을지도 몰랐다 하지만 형벌을 받을 만한 일을 했던가? 형벌이라면 무엇에 대한 형벌? 하지만 예언이 형벌이라고 해서 달라질 것은 없다는 데에 그의 생각이 미쳤다 신이 요구한 것이 형벌이라면 형벌을, 예언이라면 예언을 실현하는 것이 그의 능력이었다 그에게 주어진 능력이 그것이므로 그는 그 능력을 쓰는 수밖에 없었다 그는 거리를 가늠하기 위해 지팡이를 멀리 던졌다

하나, 둘, 셋, 넷, 다섯, 여섯, 까지 셌을 때 첨벙, 하는 강물 소리가 들려왔다 그는 고개를 끄덕이며 뒤돌아 자신의 짐을 바라보았다

10.

그는 가진 모든 것을 가장 멀리 버리기 위해 자신이 가진 모든 것이 무엇인지 셈해보았다 옷가지는 모든 것이 아니었고 이제는 다 먹은 전병도 모든 것이 아니었으며 노새도, 물병도, 지팡이도 모든 것이 아니었다 그것들은 '모든 것'에 해당하는 것들이 아니었다 노새도 '모든 것'이 아니었다 노새는 노새이지 자신이 아니었기 때문이다 모든 것을 버리라는 말은 그야말로 모든 것을 버릴 만큼의 각오를 가지고 버리라는 뜻이었고 그는 자신이 버릴 수 없는 것을 버리거나 언제든 버릴 준비가 되어 있는 것을 버리는 것만으로는 충분치 않다고 느꼈다 그는 모든 것을 버리기 위해 가장 버릴 수 없는 것을 버리기로 결심했다 그가 가진 가장 버릴 수 없는 것이 겨우 그 자신이었으므로, 그는 그 자신을 버림으로써 모든 것을 버릴 수 있으리라고 생각했다 그 자신을 버린 후에는 신이 자신의 능력으로 자신을 진실의 땅에 내려주리라 믿었다 예언은 신의 예언이었고 신의 예언은 실현될 것이기 때문이었다 자신에게 예언을 실현할 권능을 빌려주었다면 그 권능을 발휘할 수 있어야만 권능이라고 말할 수 있으리라고, 발휘하지도

못하는 능력을 주어놓고 능력을 주었다고 말할 수는 없을 거라고 그는 생각했다 주었다가 뺏는 한이 있더라도 주었음을 증명해야만 주었음이 드러나는 것이 아닌가, 주었음을 드러내달라, 라고 소리 없이 주장했다

II.

예언 받은 바를 실현해야 하는가? 그는 예언이 빗나간다거나 예언을 거부한다거나 예언을 변형한다는 생각 같은 것을 한 번도 하지 못했다 예언은 예언이며 예언은 실현되어야 하는 것이기 때문이다 그것이 그의 사명이었기 때문이다 그러나 그는 길을 나섰을 때부터 이미 단 하나의 예언이 이루어졌음을 알지 못했다 그는 이미 신의 침묵을 전달하고 있었으므로 홀로 미래를 말하지 않는 자였으며 신이 그와 함께 말하므로 언제라도 홀로 말하지 않는 자였고 가진 모든 것을 안고 가장 먼 길을 나선 자였으므로 모든 것을 가장 멀리 버리러 출발한 자였다 한 번도 예언은 그를 빗나간 적이 없었으나 그는 예언을 빗나갔고 그는 그것을 몰랐기 때문에 신이 그를 시험하고 있다고 생각했다 신이 그를 시험하고 있다고 생각했기 때문에 그는 보란 듯이 신의 시험을 치를 작정이었다 절벽 위에서 무릎을 꿇고 기도하는 그의 위로 새가 긴 날개를 펼치고 빙글빙글 돌며 날았다 저 사람 좀 봐, 새는 웃었다

그는 예언을 실현한 자가 된 것을 스스로 축하하지 못했다 그의 예언은 이미 이루어져 있었으나 그 자신이 그것을 알지 못했기 때문에 예언이 이루어진 자의 진실을 한마디도 보지 못했다 그는 자신이 진실을 실현했다는 것도 모른 채 절벽 앞에 무릎 꿇고 앉아 그가 들은 말을 떠올렸다 당신의 인생은 이제 끝이오. 그는 미련 없이 절벽 위에서 몸을 던졌고 처음부터 자신의 예언이 실현되어 있었음을 끝까지 알지 못했다 알지 못했기 때문에 그는 신의 예언이 이루어졌음을 말하지 못함으로써 사람들을 끝까지 속였다 저 불쌍한 사기꾼 그는 떨어진다 아래로 아래로

12.

그는 자신이 어떤 오래된 높은 방 안에서 깨어난 것을 알아차렸다 그는 노새도 아낙네도 지팡이도 우물도 무엇도 그에게 존재하지 않음을 깨닫고는 식음을 전폐하고 스스로를 방에 완전히 가두었다 그는 자신을 완전히 가두기 위해 신에게 가장 튼튼한 잠금 장치를 구해다 달라고 애원했다 삼 일 밤낮을 자고 일어났을 때 그는 머리맡에 황금색으로 빛나는 문고리가 놓여 있음을 알게 되었다 그는 덜덜 떨리는 손으로 허름한 나무 문짝에 문고리를 대고 하염없이 돌렸다 문이 단단히 닫혔음을 확인한 그는 안도하며 다시는 나가지 않으리라 선언했다. 문고리가 웃었다

형 벌

처음부터 끝까지 지켜보는 형벌을 받은 적이 있다 나를 위해 봉화를 피워 올리던 사람이 내 발밑에 장작불을 피울 때까지 내 이름에 경배하던 사람이 내 이름을 팔아넘길 때까지 나는 말없이 올라가 몸을 불태우고 목소리를 잃었어 콜록이며 마신 연기에 정신을 잃을 무렵 다른 사람이 나를 내리고 물수건으로 몸을 씻고 자기소개를 했지

무시하셨나요?

아니 그럴 수가 없었어 나는 기꺼이 그에게 횃불을 내어주었고 그는 봉화를 피워 올렸다 그게 형벌의 내용이야 혹시라도 한번 있을 진짜를 위해 모든 이에게 불을 내어주는 것 확신도 가망도 없이 매번 소리 내어 우는 것 알겠니, 그러니 너도 나를 위해 울지 말렴 이리 와서 새롭게 불을 피우자 내가 너를 위해 다시 목소리를 잃고 또 한번 울 때까지

아담이랑 이브는 몸의 부끄러움을 알게 되고도 말의 부끄러움을 몰랐잖아 그게 진짜 뱀의 계략이거든
아니 처음부터 신이 빛이 있으라 한 말을 우리에게 나눠준 것이 지독한 사랑이거든
누가 말을 그렇게 하래 신이 그랬거든
로고스의 축복을 우리가 도전했거든
말의 파편을 만들어놓고 좋아서 울었거든

예수가 한 번 우리의 죄를 지고 승천했을 때 전부 잃어버렸어야 했는데
아무래도 한 번으로는 안 되겠습니다 어떻게 앵콜 안 될까요
산산이 부서진 바벨탑을 다시 짓는다고 하면 놀라서 뛰쳐나오지 않겠냐
세절기에 들어간 종이도 다시 잘 붙이면 뭐든 되잖아

닮게 만들어놓고 아무것도 주지 않는 이유를 한 번도 말해주지 않았잖아

우리는 영원히 눈으로 말할 수 없으리라는 선언 그러니까 꼭대기에서 발로 차버리는 방식의 사랑
누가 사랑을 그렇게 해요 오직 당신만이
침묵 속에서 사랑을 전한다니 우리는 몰라요 침묵을 듣는 법을 몰라서

무엇이든 말해보세요 소리 내어 이왕이면
멍청한 우리의 얼굴에 미소를 띄워주세요
들어야만 듣고 말해야만 말하는 동물은 영원히 부끄러움을 몰라요 부끄러운 건 당신이지
세상에 말을 뿌려대는 모습이 마뜩잖기나 하잖아요 세상에
뱀이 너희에게 독을 뿌렸다더니 그게 사실이구나 아 이제 아셨어요

그가 혀를 끌끌 차면서 우리한테 등을 돌렸잖아
혀를 차는 걸 우리한테 배웠는지 우리가 배웠는지 모를 일이지 어쨌든 그것도 혀니까 영원히 뱉어놓은 이해의 조각들에 묻은 시퍼런 독
우리는 두 갈래로 갈라진 혀 사이에서 말의 상찬을 축복으로 여길 것이며

한 사람이 죽는 데에 드는 운동에너지의 양을 상상해 본 적이 있습니까? 그것이 교통사고든 살인이든 자연사든 말입니다. 에너지보존법칙이 움직이지 않는 우주의 기본 원칙이라면 인간이 살아 있을 때 가지고 있던 위치에너지와 운동에너지, 열에너지 따위를 소멸시킬 만큼의 몰락이 일어나야 하지 않겠습니까? 인간이 살아 있는 데에 들어가는 에너지, 그러니까 뇌와 장기를 살아 있는 상태로 두는 데에 들어가는 에너지는 매일 화학식이 되어 순환할 테지요. 그것을 지속시키는 발전기는 어디에 있습니까? 차와 내가 부딪치는 순간 일어나는 폭발적인 발산을 생각해보세요. 그 에너지를 감당하기 위해 범퍼는 찌그러지고 뼈는 부서지며 지독한 마찰열이 피부를 덮칠 것입니다. 가지고 있던 거의 모든 것을 물리법칙에게 내어주어야 하는 그 순간에도 삶을 지속시키는 힘은 어디에서 나옵니까? 내가 피를 토해도 멈추지 않는 에너지는 누구의 것이란 말입니까?

상세한 식을 세워보았습니다. 여기에 있습니다. 이것을 보십시오.

여기에 반드시, 반드시 남는 항이 있습니다. 그렇지 않고서는 세상이 설명되지 않는단 말입니다. 관성의 법칙을 생각해보세요. 처음 누군가가 이 당구공을 밀어야만, 그래야만 당구공은 진공의 세계에서 영원히 같은 속도로 움직일 수 있습니다. 그러나 처음 누군가가 밀어주지 않는다면, 당구공은 조금도 움직이지 못한 채 영원히 같은 속도로 멈춰 있습니다. 동일한 생의 힘을 유지하기 위해서는 처음 누군가가 우리의 등을 밀어줘야 한다는 말입니다. 그 밀어주는 힘, 우리의 등식 안에 포함되지 못하고 부유하는 그 힘이 무엇을 이룩하고 있는지 우리는 알고 있습니까? 이 남는 항에 우리의 고향이 있습니다. 쓸모 없어서 남겨진 항이 아니라 이 항만이 의미 있기 때문에 등식에 포함되지 않는 것입니다. 이를테면, 차에 부딪친 충격의 순간에 우리의 슬픔은 어디로 갑니까? 화학적이지도 물리적이지도 않은, 그러나 그 슬픔 없이 우리를 설명할 수 있단 말입니까? 그 슬픔이 우리를 태어나게 했다고, 우리의 등을 밀어주고 있다고 어떻게 말하지 않을 수 있겠습니까? 슬픔에, 그 슬픔에, 무엇이 없겠습니까?

변 론

죽음은 언제나 당신들보다 빠를 것입니다*
그는 아버지를 생각했다 아버지에게도 죽음이 당신보다 빨랐기 때문에
아버지에 대해서는 거의 알려진 바가 없다
수군대는 소리, 저 남자는 화를 내고 있다, 고개를 젓는 사람, 희미한 발굽 소리와 직물이 스르륵 풀리는 소리, 네가 뭘 아는가! 온 공기의 꿈틀댐, 밖의 새들은 시끄럽고, 적막, 차라리 적막을 주십시오 저들은 스스로 무엇을 하고 있는지 모릅니다
옳다 너에게 적막이 주어질지니
아테나가 그를 비웃는 동안 그는 순수한 변론을 떠올린다
턱 밑으로는 아무것도 없다는 사실을 기억하기
옆으로 서 있는 사람들 위로 태초의 별이 남긴 포화가 흩어지고
어디에서도 오지 않은 영혼이 뚝 떨어진다면
당신들에게는 이 세상이 당혹스럽지 않단 말입니까?
질문의 벌로 손바닥이 꿰뚫리는 오래된 전통

무엇을 마셔도 가야 할 곳에 가게 될 것이다

울음소리, 떠나셔야 합니다, 마른 손으로 얼굴을 비비는, 한숨과 다급한 손짓, 엄숙한 공기가 지배하고, 통로에 점점 더 많은 사람들이 앉고 있다, 스승님! 달려오는 사람들, 고갯짓, 고갯짓

소중한 집에 내리는 은빛 갈퀴에 몸을 비빈 자들

가져본 적 없는 자에게만 순수가 허락되리라는 진실은

떠나온 곳도 머무를 곳도 없는 자에게 축복을 내려라

여기에도 내일에도 없는 부재자의 성소

자기 손으로 탯줄을 자른 이에게만 자유는 주어진다네

최선의 당혹으로 도달할 무간의 연옥에만 그는 있다

오로지 질문하십시오 변론은 끝났습니다

손 들지 않는 침묵의 무덤 위로 먼지가 쌓이고

그러므로 변론은 생을 앞질러 그들을 내달린다 더 이상 없는 곳으로

---

* 플라톤, 『소크라테스의 변론』

순 례

사람들이 걷고 있다 수천 명일까, 아주 천천히

종착지는 환희와 비명 의견은 극심하게 갈린다 그들은 같은 곳을 향하고 있지만 그곳이 어디인지는 아무도 모른다 한 소녀가 대열을 잠시 빠져나와 소리를 지른다 조금만 참아요! 아이는 울고 옷은 바스락거린다 지면이 투닥투닥 다져지는 소리와 살이 쓸리는 얇은 소리들

긴 머리를 질끈 묶은 신은 무리의 뒤쪽에서 다 까진 발바닥으로 흙길을 조심히 걷고 있다 그 옆을 지나는 남자의 텅 빈 눈 위에는 반짝이는 별이 있고 자세히 들여다보자 폭발한다 눈동자 위 점점이 박히는 칼날 같은 빛들 신은 제풀에 눈을 감아버리고

신의 순례는 무지한 자의 끝을 향한 길을 체험하는 것 따라 걷기는 언제나 짐작이기 때문에

어디로 가시는 거예요, 그는 묻고 싶지만 참는다 그들이 아무 데도 갈 수 없다는 사실 또한 말하고 싶지만 참는다 그는 참는 연습을 하고 있다 또한 모르는 연습을 하고 있다 그가 무엇이든 할 수 있다면 그는 모를 수도 있어야 하므로

무엇이 어디에 있는지 반쯤 잊어버린 사람이 되고서야 코에 침투하는 흙먼지에 기침을 한다 아가씨, 괜찮아요? 눈에 별을 박은 남자가 그에게 묻는다 그는 눈을 꼭 감은 채로 고개를 끄덕인다 완전히 알아서도 안 되고 전혀 몰라서도 안 되는 것이 그의 과제이다 인간에게 순례하기로 하였으므로, 여기는 지상, 그러나 여기가 지상의 어디쯤인지 탐색하기 위해 그는 이제 더 많은 기침을 필요로 해야 한다

흙이 산산이 그의 몸에 침투하면 그는 세포부터 새롭게 태어나 둘도 없는 인간으로 순례를 마칠 것이다 순례의 끝이 없다는 사실에 황망해하며 그러나 신은 그때 비로소 아무도 끝으로 데려갈 수 없다는 사실에 오로지 한 사람 분의 외로움을 느낄 것이다

작은 손가락으로
만져진 비석

집에 유령이 있어 아주 오래된
저 끝 방의 가장 구석진 곳의 먼지 쌓인 자리에, 새로운 신발을 신고
나는 그에게 옹알이를 배웠는데 그는 그걸 다 받아 적고 있었어
그리고 내가 모든 것을 알게 될 때까지도

기억해라,
검은 실루엣을 기다리면 검은 실루엣이 온다

그는 매일 와서 말을 들려주었어 내가 듣고 싶은 말을
내가 듣고 싶은 말을 털어놓은 적은 없었어
그리고 다른 말들도 했는데 그게 내 비석의 결말부가 될 예정이었어
처음부터 끝까지 하나의 이야기가 될

비석은 순식간에 완성되는 듯도 했는데 다 보지는 못했어 첫 줄 말고는

내 위에 세워질 예정이니까 다 읽을 수는 없어
밤의 창가에 드는 비명에 비추어야만 크기를 어림할 수 있는데
아마 키보다 조금 더 클 거야, 나를 다 덮어야 하니까

그는 늘 온다 전체일 수밖에 없는 이야기를 들려주러
여기 밖에도 세상이 있냐고 물었을 때 그는 고개를 저었어
그가 신발을 툭툭 털었을 때 세상이 잠시 희미해졌는데
먼지를 헤치고 한참을 걸어도 만져지는 게 없었어

접수된 페이지의 등록된 본문
모든 게 쓰였기 때문에 비석으로 만들 거라고 했어
손을 뻗어보았지만 그에게 닿지 않았어 이상하지 무척 가까웠는데
그는 내 목소리로 말했어

기억해라,
내가 너에게 모든 것을 들려주었다는 사실을

이제 가까워 온다, 그가 적은 모든 것
바람과 새에게 훼손을 청할 한때의 이야기들
숨을 크게 들이켜고 아무 소원도 빌지 않는 오늘에
비로소 새겨진 안식이 다가오고 있어

가장 구석에 있는 방의 가장 구석에 둔 가장 커다란 비석을 두고 사람들은 갑론을박했다. 비석은 사람의 키를 훌쩍 넘길 만큼 컸다. 이렇게 큰 비석을 집 안에 놓아둘 이유가 무엇이겠느냐고 사람들은 물었다. 어떤 학자는 이것이 개인적인 예술 작품이라고 주장했고 어떤 학자는 이것이 집안 대대로 내려온 가보였기 때문에 소중하게 보관한 것이라고 주장했다. 혹자는 역사서에 등장하는 비석을 이 집에서 훔친 것이 아니겠느냐고, 말을 씹고 돌아다녔는데, 역사학자들은 훔쳐올 수 있을 만큼 가까운 곳에 역사적인 비석이 있었을 확률은 없다고 일축했다.

학자들이 탁본을 뜨기 위해 여러 차례 시도했으나 실패가 이어졌다. 비석은 자신이 무엇인지 알려줄 수 없다는 듯 탁본을 뜨려고 할 때마다 다른 무늬를 만들어냈다. 어제 떠낸 탁본과 오늘 떠내는 탁본이 달랐기 때문에 학자들은 매일 사진을 찍고 레이저를 쏘기로 결정했다. 그러자 비석은 그때부터 규칙적인 무늬를 내기 시작했는데, 하나같이 의미를 읽어낼 수 없는 패턴이었다. 매일 다른 규칙적인 무늬가 등장하자 학자들은 그 안에서 질서를 찾기 위해 노력했다. 어떤 순간에는 그럴듯한 해독의 규칙이 발견된 것처럼 보이기도 했으나, 그 추론은 사흘 정도가 지나면 하나같이 부정되었다.

연구 장소를 옮기자는 제안이 나왔다. 이 비좁은 방에 태스크포스를 두고 오랫동안 연구하는 것은 무리이고, 또 집 안에서 얻을 힌트도 더 이상은 없다는 의견이 근거가 되었다. 대부분이 동의하였기 때문에 비석을 옮길 인원이 도착하였고 그들은 사방에 달라붙어 조심스럽게 비석을 기울이려 했다. 비석은 움직이지 않았다. 비석은 꿈쩍도 하지 않은 채 사람들을 가만히 바라보았다. 비석의 말을 알아듣는 사람은 아무도 없었다. 비석을 힘껏 밀었다가 벌게진 얼굴로 당황해하는 사람들을 비석은 굳건히, 굳건히 바라보았다. 맨질맨질하고 울퉁불퉁한 표면 위로 빛이 부서졌다.

무 한 한 문

문의 다음 문의 다음 문의 다음 문의 다음 문의 다음 문의 다음 문의 다음 문의 다음
문은 끝이 보이지 않는 복도를 따라 늘어서 있다

사람들은 대체로 세 번째 문에 들어가거나 세 번째 문 안에서 태어난다 대개 첫 번째와 두 번째는 실망스러웠기 때문에 물론 세 번째도 그다지 매력적이지는 않지만 어떤 이들은 세 번째 문이 세 번째 문인 줄 모르고 살다 나가는 문을 발견하고 당혹스러워한다 재빨리 다시 문을 닫고 들어가는 그들로 망각이 충족한다

손에 두꺼운 검정색 테이프를 든 사람은 열 번째 문을 열었다가 닫고 문에 커다랗게 ×자로 테이프를 붙이고 있다 시간이 없다는 사실을 안타까워하면서 문에는 번호가 없고 위치도 없으며 모양도 모두 똑같이 생겼는데 그가 남기는 ×만이 잠시의 방문 사실을 알리고 있다 그러나 그가 들렀다는 표시 하나조차 뚝 떨어진다 모두 다른 문에 ×를 붙이러 이미 멀리 떠났기 때문에

세 번째 문 안의 사람들은 내내 그들을 안타까워하고 있다

지난달에 떠난 이를 찾기 위해 뒤늦게 출발한 여자는 처음 보는 복도가 익숙하다는 사실에 이상한 낯섦을 느끼며 전진하고 있는데 이상하게도 순서를 따라 걸었음에도 복도는 겹치고 벌어지며 드러낸다 다들 이 길을 따라갔을 텐데 걔도 이 길을 따라갔을 텐데 이상하다, 이상하다, 하는 사이 길을 잃었음을 깨닫는다 그의 마음은 공포와 설렘으로 가득 찬다

그러므로 방금 전의 그 문이 다음 문이 된 줄도 모르고 복도를 걷는 이의 눈에 흰빛이 감돌고 새로운 복도는 어쩐지 더 넓어지고 있는 것도 같다 복도는 영원히 자신을 들어 상기하고 문으로 뻗친다 그러나 문을 여는 사람은 모르고도 어려울 수 있다 오로지 여닫는 자만이 부정의 가호를 받아 테이프를 붙이고 다닐 것이다

문을 하나 사고 싶은데요

거의 전 국민이 여기에 뛰어든 지 삼백 일 정도가 지났다 이제 이곳에서 아이들은 태어나고 병자는 숨을 거둔다 하루에 한 번씩 예배를 드리는 시간이 있고 그 시간 동안 우리는 모두 소리 지른다 저 위까지 목소리가 닿아야 하니까 잘 들리시냐고 들리긴 하시냐고 우리가 곧 가겠다고 당신을 구하러 가겠다고 그러니 조금만 기다리라고 그렇게 소리를 지르다가 대충 몇몇이 슬슬 지쳐 목소리가 작아지면 예배 시간은 끝이 난다 어떤 날엔 시작하자마자 끝이 나고 어떤 날엔 해가 지도록 그치지 않는데 어제가 그랬다 어제 우리는 내내 악을 썼다

문이요? 문은 어디다 쓰시게요?

서른여섯 개가 필요한데요.

서른여섯 개요? 아니, 문을 쓸 일이 뭐가 있습니까? 어차피 위로 올라갈 거잖아요.

서른여섯 개가 필요해요.

뭐 댁이 필요하다면 필요한 거지. 다른 거 뭐 필요한 건 없어요?

네 없어요.

그래요, 그럼.

지난주에 태어난 아이는 한 번도 바닥에 누워보지 못했다 그 아이는 아마 자라서 바닥을 밟아본 적 없는 다른 아이들과 함께 무리를 이루어 이 층 저 층을 뛰어다니겠지 그것이 그들의 자랑이 되어 영광을 온 나라에 흩뿌리게 될 것이다 계단은 높고 하늘은 낮으며 우리는 불과 함께 위로 치솟고 있다 조금 있으면 구름을 들이마시고 황혼을 내뱉게 될 것이라고 사람들은 말했다 지금 들이마시는 돌바람과 흙과 무슨 차이가 있는지는 잘 모르겠지만 축축한 흙? 매일 아침이 되면 두드리는 소리가 시작된다 쾅, 쾅, 쾅, 들어라, 신아, 우리가 네게로 가고 있다 나는 그가 문이라는 말을 제대로 알아들었는지 의아해한다

서른여섯 개를 한 번에 가져오는 건 무리고, 일단 두 개만 끌고 왔어요. 다 가져오려면 대충 석 달은 넘게 걸릴 거요.

감사합니다.

근데 이걸 굳이 밖에서 살 이유가 있습니까? 여기서 만들면 되잖아요.

여기서는 아무도 문을 만들지 않아요.

만들어달라고 하면 되잖습니까?

얼마 드리면 되나요?

서른여섯 개 합쳐서 은 4세겔인데, 일단 1세겔만 주십쇼. 이번 달 동안 이걸로 치를 테니.

네, 그렇게 하시죠.

나무로 된 문은 크고 두껍다 바닥에 가지런히 놓인 문 두 개를 오르내리는 사람들이 흘깃대는 동안 나는 찬찬히 천장을 바라보며 문의 위치를 가늠해본다 여기가 십 층, 앞으로 남은 층수를 정확히 알 수는 없지만 열 층에 하나씩 있으면 적당하겠다는 셈을 해보았다 우리가 하늘로 갈 거라면 문을 달아야 한다 이걸 생각하고 있는 사람이 이곳에 없어서 우리는 그 대가를 치르게 될 것이다 아마도 단단히 착각에 빠진 게 분명한, 예배 시간, 모두 손을 모으고 고개를 높이 드십시오 그에게 우리가 다가가고 있습니다 머지않아 우리는 그에게 우리의 메시지를 전달하고 세상의 진리를 공유하게 될 것입니다 마치 우리가 말을 공유하듯 그가 우리에게 말을 공유할 것이니 그것이 비록 완전에 미치지 못할지라도 우리는 실망해서는 안 됩니다 원래 혼자 말하는 사람의 말은 완전하지 않다는 것을 기억하십시오 (아멘) 우리의 새로운 질서에 그가 탄복하더라도 그를 가엾게 여기지 마십시오 본디 낡은 진리에는 경탄의 능력이 없으니 그의 탄복이 그의 신 됨을

드러내는 것입니다 (아멘) 그에게 멀리 던지면 그가 들을 것입니다 그에게 당신의 마음을 드러내십시오

조금만, 기다려요, 당신은, 침범해서, 미안합니다, 잘라야 해, 물을, 이곳의, 아름다운, 들으십시오, 우리는, 새로운, 막을, 것입니다, 시대를, 향해, 문을, 머지않아, 당신께, 달겠습니다, 던집니다, 이 마음을

며칠 뒤에 상인이 오면 당장 한 개의 문을 가장 위층에 날라달라고 말할 셈이다 거긴 아직 공사 중이니 어렵지 않게 문을 달 수 있을 것이고 그렇게 조금 기다리다 다시 열 개의 층이 생길 때쯤 또 다른 이에게 부탁해 문을 나르고 문을 두 개 여섯 개 서른여섯 개를 나를 일이다 거처도 함께 옮겨야겠지 오르는 사람들의 손에서 손으로 맡길 수도 있으나 이 일은 직접 해야 한다 이 층의 이웃들에게 안부 인사를 전하기 위해 매일 굽던 빵의 개수를 늘리기로 결심한다 우리는 언젠가 어디선가 또 만날 일이요 인연이 있다면 다시 이웃이 되겠지 우리는 같은 곳에 닿을 수 있고 건너편을 내다볼 수 있으니

두 개 다 옮길까요?
아뇨, 하나는 여기 달고 다른 하나만 옮기겠습니다.
이건 어디 달 생각이요?

여기… 밖이 잘 보이는 이쪽 구석에요.

밖이 잘 보이는 곳에 문을 단다고요?

예, 여기 달고 올라갈 겁니다.

그럼 나머지 하나는 짐이랑 같이 옮기고?

예.

이걸 언제까지 할 셈이요? 서른여섯 개 전부 다?

예.

내가 거기까진 못 갈 텐데.

어차피 다른 사람에게 맡길 거예요. 올리실 때 말씀 좀 해주세요.

…그래요.

짐은 무겁고 바퀴는 겁 없이 덜덜거린다 커다란 문짝을 방패 삼아 나아가는 길이 어쩌면 복되도다 이웃들에게 눈인사를 건네고 함께 올라가겠다고 칭얼댄 아이들의 손을 뿌리친 이날로부터 사람들은 원망할 것인가 짐차를 밀어 올리는 동안 저 위에서 커다란 목소리가 들린다 모두 두 손을 모으고 하늘을 바라보십시오 저 위로 우리가 다가서고 있다는 사실을 잊지 마십시오 그러나 우리는 짐차가 미끄러질까 하염없이 바퀴만 바라보았다 흙바닥 위로 나의 옷가지와 물통과 집게와 빵틀과 불씨가 덜덜거리며 나아갔다 위로 위로 그러나 아래로

거기에 그가 있었어

별일은 아니었어, 나는 그날도 지긋지긋한 일을 마치고 집에 돌아가는 중이었거든 그 사람 많은 버스를 타고, 운 좋게 앉긴 했지만 사람이 너무 많아서 내 바로 앞에도 옆에도 사람으로 꽉꽉 들어찬 사람 숨소리가 너무 많이 들리는 그 더운 버스를 타고, 이제 집에 간다고 생각하니 낮보다 한결 멀쩡해진 정신으로 집에 돌아가고 있었단 말이야

새로운 빵 미지의 술을 마셔라

갑자기 어떤 여자가 큰 소리로 말했나 봐 나는 노이즈캔슬링이 되는 헤드폰을 끼고 있어서 잘 몰랐거든 근데 사람들이 일제히 버스 앞쪽으로 고개를 휙 돌리는 거야 그래서 무슨 소리가 났구나, 짐작했지

새로운 빵 미지의 술을 마셔라

이번엔 나에게도 소리가 들렸어 꽤 큰 소리로 말한 모양이지 저게 무슨 소리일까? 그 여자는 목 부분이 해진 베이지색의 바바리코트를 입고 어깨보다 조금 내려오는 머리를 하고 있었어 머리가 조금 헝클어져

있었는데 아주 심하게 헝클어진 게 아니라 알지, 그 하루 종일 부산스럽게 일하다 보면 머리카락이 이마에 좀 붙고 뒷머리가 약간 뜨고 그런 거 그리고 엄청나게 절박해 보였어

그것만이 당신들을 기워내리라

그쯤 되니 사람들도 대충 견적이 나왔다는 듯 각자의 스마트폰으로 돌아갔어 기사 아저씨가 조용히 갑시다, 한마디를 던졌고 그걸로 사태가 해결될 거라고 다들 생각했나 봐 여자는 흔들리는 눈으로 사람들을 쳐다봤어 믿을 수 없다는 듯이 믿을 수 없다는 듯이

나는 커다란 세숫대야를 떠올렸어

그 위로 쏟아지는 차가운 물이 얼굴에 튀는 그런 감각을 느꼈어 대야 위로 고개를 길게 숙였을 때 내 얼굴은 물에 비쳐 천 갈래 만 갈래로 깨지고 튀었어 산산조각 산산조각 나는 물을 멈출 생각을 못 하고 계속 바라봐 얼굴은 계속계속 흩어지고

오만 군데에 퍼지는 뿔나팔 소리

밸브를 돌려 잠그고 물이 파문을 그리며 혼동하는 동안 고개를 좌우로 탈탈 털면서 생각해봐 시초의 사람은 이렇지 않았어 그게 무슨 소리야? 맨 처음 소리 지른 사람은 누구였을까 오지도 가지도 않는 동물에게서 초라함을 얻고 목을 잔뜩 긁은 사람 또 뿌리로부터 열두 달의 온순함을 배운 사람은

그것이 모두 환상이고 의미 없다고 말하는 사람에게 조용히 웃으며 손을 흔든 사람은

나는 최선을 다해서 달려 얼마 없는 시간 안에 온 집을 다 돌아다니기 위해서 뛰는 거야 옛날이라면 호외요 호외, 하면서 신문을 길에 뿌리면 되었을까, 눈에 보이는 문마다 두드리며 나와야 한다고 고래고래 소리를 질러 그러면 열릴 것이라고 믿으면서

그렇게 열심히 뛰어다니는데 대답하지 않는 거야, 복도에 내 헉헉대는 소리와 바닥에 차박차박 닫는 운동화 소리만 가득하고 너희가 잘못된 것을 믿고 있다고

조용해진 표면 위로 슬픈 얼굴의 사람이

집집을 돌아다니며 문을 쾅쾅 두드려도 아무도 답이 없는 그 고요한 저항, 너는 뭐라도 했어야 했어

라고 고래고래 소리 질러 구출하는 과거는 온데간데 없이

조용히 갑시다, 라고 말하고 말하지 않는 사람들 사이에서

헤드폰을 다시 썼어

지난 일요일엔 유난히 민원이 많았다 동료들은 그냥
빨리 다음 패치를 적용하라는데
버그가 아닌 게 없어서 그냥 두고 있다고
말은 못 했지만 무튼 그러겠다고 했다
동료가 어깨를 툭툭 치고 지나갔다
지난번에 분명히 연민을 버프
했는데 조롱이 같이 버프
되어서 악의를 너프
했지만 안 됐다
망할 인간들

아직 답장 못 한 메일들

발신자: J@dominic.rr
제목: 발바닥 각질 관련하여
왜 발바닥에 각질 같은 게 있어야 하는 거죠??!! 이런 게 없이도 잘 살 수 있잖아요??! 이 각질 때문에 저는 지난주에 애인과 헤어졌다고요! 이건 말도 안 돼요!

Re: 발바닥 각질 관련하여
불편을 끼쳐드려 죄송합니다. 하지만 그 각질이 없으면 선생님은 죽을 수도 있습니다. 요즘 시대에 불필요한 기능으로 느끼실 수도 있겠지만 양해해주십시오. 그걸로 헤어질 사람이었다면 이참에 잘 헤어지셨습니다. 감사합니다.

메일은 변환되어서 대충 '새로운 매력적인 연애 상대'의 모습으로 전송될 것이다

발신자: S@republica.ui
제목: deus&co.에는 아무도 근무하지 않는다는 충격적인 진실!
수많은 사람들이 육체적, 정신적으로 의지하고 있는 deus&co.는 과연 어떻게 운영되고 있을까? 운영이 되고는 있을까?! 이에 대해 본지의 기자가 약 3개월간의 심층 취재 끝에 결론을 내렸다: 그곳에는 아무도 없다!

지난주에 찾아온 그 사람이구나
하필 워크숍 기간에 찾아온 게 문제라면 문제인데
워크숍 기간이 아니어도 큰 차이는 없었겠지만

옆방 동료의 고함 소리
그는 삼 일째 자신의 방에서 분통을 터뜨리고 있다

발신자: T@slideposter.qe
제목: 누굴 탓해요?
뭐 코딩을 처음부터 할 수 있는 것도 아니면서. 탓하긴 누굴 탓해요? 사람들은 버그도 다 의미가 있다고 생각한다고요. 애초에 사실 버그도 아니었던 거 아니에요? 정신머리를 어디 두고 다니길래 이 지경을 만들어요? 당신 사실 즐기고 있는 거 아냐? 그렇지 않고서야…

그렇지 않고서야 이럴 리가 없다. 그렇지
않았는데 왜 이렇게 되었는지
모르게 정신을 차려보니

Re: 누굴 탓해요?
고백합니다, 처음에는 저도 이렇게 될 줄은 몰랐습니다. 제가 하려던 건 그저 약간의 넛지뿐이었는데요. 그것은 그때 제가 상상할 수 있었던 가장 효과적인 수단 중 하나였습니다. 하지만 그게 파괴로 달려가는 가장 빠른 길이었다는 것을 뒤늦게 깨달은 후로는, 바로잡기 위해 최선을 다했습니다. (거짓말이다.) 아무도 제 말을 듣지 않았다는 것만 빼면요. 어쩌면 말씀하신 것처럼 저도 이런 결과를 원했던 걸까요? 잘 모르겠습니다. 정말 중요한 것은 이미 돌이킬 수 없는 선택들이 벌어졌고, 그것을 우리는 받아들이고 살 수밖에 없다는 것입니다. 물론 저의 이런 말에 대해 무책임하다고 항변하실지도 모르겠습니다. 충분히 이해합니다. 하지만 저라고 해서 잘 살고 있는 사람들을 전부 들어내 새로운 세계에 던져놓을 수도 없는 노릇입니다. (거짓말이다.) 예전처럼 무슨 홍수를 일으킬 수 있는 것도 아니고… 그것을 원하시는 것도 아니잖습니까. 가지고 계신 그 지식들, 사랑하는 사람들, 약간의 여유와 행복, 그런 것들을 지키는 것도 제가 하는 일입니다. 뭐 그렇다고 사사건건 간섭하면서 그런 일을 하는 것은 아니지만요. 저도 매일 출근해서 이런 메일을 받는 것이 그다지 유쾌하지는 않습니다. 이 직전 메일이 뭔지 아십니까? 제가 존재하지 않는다고 주장하는 메일이라고요! 그런 메일을 예상하지 못한 바는 아니지만, 그래도 아무도 없다고 말할 줄은 몰랐습니다. 하긴, 제가 생각해도 그럴 수도 있겠어요. 이렇게 오랫동안 버그를 방치해두었으니까요. 하지만 거기에 의도가 없었던 것은 아닙니다. (거짓말이다.) 저는 사람들이 그것들로부터 배울 줄 알았어요. 냅다 머리에 쑤셔 넣는 것보다 그쪽이 더 효과적이라고요. 하지만 제가 잘못 판단했을지도 모르겠습니다. 제가 취해온 조치들이 어떤 영향을 주었는지 다시금 평가 보고서를 작성하여…

사탕이 있다는 게 확실할 때는 사탕을 먹을 필요가 없어서 나는 사탕을 쳐다보지도 않고 그것의 존재를 혀로 조금씩 핥아본다 사탕보다 단 것은 확신의 맛

확신은 핥아도 핥아도 사라지지 않을 것처럼 구는데 세 번쯤 핥으면 희미해져서 사람을 애타게 하더라
저것을 언제 뜯을까, 흘끔흘끔 쳐다보는 눈 끝에서 이리 같은 욕망이 뚝뚝 떨어지고 나는 그것으로 사탕 껍질을 녹일 수도 있을 것 같지만

안 돼, 아직은

으르렁거리는 목을 진정시키고 해야 할 일은 눈을 감는 것

사탕은 기다리다 못해 빨간 물을 뚝뚝 떨어뜨리고 있다 이 사이로 배어 나오는 침을 꿀꺽 삼키면 사탕이 그것을 탐내는 소리

알지만 시작하지 않는 것도 방법이지 유예는 심장에 해롭지만
은근한 자해의 작은 쾌락들

손가락을 뻗어 끈적한 사탕을 찍어 올린다 손끝에서 얇은 실이 되는 타래를 보며 입술은 양옆으로 길게 오르고
끔찍한 밤을 향해 근사한 다이빙으로 처음부터 끝까지 붉게 묻힐 생각으로

쑤욱

붉고 끈적한 물결은 무릎께를 울리기 시작한다 입안 가득 차오르는 단맛으로 눈을 감고 폐로 가득 차는 순간을 기다리며
이것은 핥을 만하지, 나는 삼키지 않고 입에서 굴린다
이왕이면 삼킬 만하지

무한히 열두 갈래로 갈라지는 길 II

돈키호테는 뚜벅뚜벅 사전을 걷고 있다 배경은 장송행진곡
그는 휘두른 적 없는 창과 덮은 적 없는 모포를 업히고 세상 모르게 행복한데, 히히힝, 갑자기 멈춰 서는 당나귀의 울음소리 누구냐! 소리쳐도 들은 체 않는 숲에서는 가로지르는 검은 직선들 사이로 무언가 와르르 무너지는 소리가 들려오는데 정체 모를 바람 소리 키호테는 누군가 자신을 부른다고 믿고 있다 그곳 바로 낭만의

그의 갑옷은 단단하고 촘촘하며 미련하여 들여다보는 이를 모두 흐물하게 했다 그의 자랑스러운 표정은 갑옷에 가려 아무 소용이 없었고 지나가는 사람들은 그가 손에 든 남의 창에 오래된 표식이 있다는 사실을 눈치채지 못했다 오로지 세상은 나귀와 나, 나귀와 나만이 발소리를 낼 자격이 있는 곳, 사전은 밀치고 헤매면 우르르 무너질 것처럼 보인다 이 창을 받을 사람 누구냐, 키호테는 크게 외치면서 창을 가로로 휘두르고 멀

찡히 서 있다 몇 대 맞은 애꿎은 기둥들은 귀찮은 듯 몸을 비틀고

용맹한 사람, 그는 뚫을 수 없도다

당나귀는 묵묵히 그의 곁을 지킨다 이쪽으로 저쪽으로, 가면 무엇이든 나와 자웅을 겨뤄주겠다는 주인의 말을 따라, 곳곳에 놓인 주황색 콘을 돌듯 네모를 넘고 동그라미를 건너 드넓은 먹의 숲을, 때로는 어느 작대기에 몸이 매여 기다리기도 하면서, 가자는 곳을 가자는 대로 칩칩한 눈을 끔벅이고 그러나 냄새, 어떤 냄새들을 가장 먼저 맡으며, 그러나 주인에게 그 냄새에 대해 설명할 수는 없다는 사실을 끄덕이면서 그는 가고 또 간다

이곳이야말로 우리가 찾는 곳이다, 키호테는 소리친다 당나귀는 주인이 무언가를 발견했으리라는 기대로 주변을 둘러보지만 잘 보이지 않고 당나귀를 위해 말해주자면 빽빽함에는 다름이 없다 그러나 선언은 달고 당나귀는 보지 못하니 키호테, 자리를 주장하라, 국가를 세워야겠구나, 이곳이 우리의 보금자리다! 키호테는 밧줄을 꺼내 당나귀를 묶고 허리에 손을 척 얹고 주위를 둘러본다 이곳이 나의 전설이 새겨질 장소다, 이곳에는 나를 말릴 사람이라고는 없다, 위대한 왕조의 문을 열어라

시작은 개미 밧줄을 타고 스스스 스스스 문득 당나귀를 돌아본 키호테, 밧줄이 원래 검은색이었나 생각해보지만 떠오르지 않고, 멍하니 밧줄을 바라보는 동안 밧줄은 제 혼자 움직인다 스스스, 나귀는 걷고 키호테는 생각한다, 키호테는 생각하다가, 움직이는 밧줄이라니 제법 재미있다고 생각하고 밧줄 가까이 가는데, 어느새 키호테는 자신의 등 뒤가 온통 까매진 것을 모르고, 까만 것들아 꺼져라 호통치는데도 들은 척도 않는 스스스, 건국은 보류다 키호테가 밧줄을 잡자 개미들은 까마득 달려 바닥으로 줄을 선다

재수 없는 놈들, 그는 창을 빙빙 돌리고 있다 길을 막아서는 무엇이든 치워주겠다, 이쪽이지, 이쪽이야, 당나귀는 듣고 키호테는 말한다 아무렴 시련이 필요한 법이지 저 뒤에서 웃는 새가 파드득 날아오르는 소리 그러나 키호테는 듣지 못하고 또한 그 무엇도 그 어떤 길도 막아서지 않았다는 사실을 모른다 위풍당당한 키호테는 걷고 있다, 막아서는 것들을 창으로 몸으로 부딪치며 낯선 이것들, 나의 왕조는 어디인가 길을 개척하는 자의 명예는 내 것인가

그는 제법 걷는다 이 길이 길인지는 걸어야 아는 모양이지 그러나 무엇에 도달하기 전까지는 아무것도 알 수 없는데 도달이 뭐 별건가, 내가 자리 잡으면 더 이

상 움직이지 않으면 아무도 시비를 걸지 못할 거라고 그는 생각한다 당나귀는 여전히 말없이 걷고 있고 이따금 멈춰 서서 고개를 이쪽저쪽으로 돌려본다 뭘 그렇게 봐, 키호테는 말하면서 그도 이쪽저쪽을 보는데 이쪽과 저쪽이 무엇도 혼란스럽기만 하다 심술 나, 창을 바닥에 쿡 찍고 허리에 손을 얹고 멀리 내다보는데

왜인지 저쯤 가면 좋을 것 같아, 키호테는 확신을 갖고 말한다 그는 당나귀를 끌고 당장에 출발한다 저곳이다 저곳, 밝혀라 길을, 그는 몸으로, 그 무수한 먹으로 된 숲의 자녀들을 온몸으로 밀고 스치면서, 이 길이냐, 밀고 부딪고 건드리면서, 몸이 쓸리는 소리, 창을 가로로 들고 길을 열지만 부드러운 잎들은 창을 감싸 몸을 스치고, 당나귀는 고개를 낮추고 걷고 걷고, 키호테가 걷고, 돌고, 뒤돌아보고, 다시 돌고, 팔꿈치로 막고, 밀고, 얼굴을 맞대고, 흩뿌리고, 통과하고, 바르고, 쏟고, 거치고, 내밀고, 밀리고, 걸치고, 꼬이고, 풀고, 헤치고, 기대고, 서고, 한 손은 당나귀를, 다른 한 손은 창을 가로로 들고 앞으로 내민 채 고개를 숙이고 지쳐 나가떨어질 무렵 멀리 있는 새가 즐겁게 노래한다

검은 갑옷, 그는 복되도다

검은 갑옷? 아래를 내려다보는 키호테, 무언가 발견하고

그의 작고 빛나는 갑옷, 단단하고 촘촘한, 더 이상은 빛나지 않는 갑옷이 슬금슬금 녹기 시작하는 것을 그는 보았다 녹아, 녹는다고, 말도 안 되지, 검게 빽빽이 두른 갑옷의 몸이 애써 휘청이는 동안 키호테는 손으로 박박 문질러보지만 어느 것 하나 벗겨지지 않고 막막한 쇠고리만 흔들거린다 당황하는 눈동자 그러나
와장창
한순간에

그는 이제 물렁해진다, 흐물흐물한 그의 몸이 숲 한가운데에 서 있다 닿는 대로 검어지고 터는 대로 푸르러지느라 눈을 꼭 감고 머리를 탈탈 털어 다시 보아도 마찬가지일 텐데 키호테, 여전히 세차게 흔들고 있다 그는 처음부터 듣지 않았고 숲의 이름은 잊어버렸다 어느새 그에게는 창도 갑옷도 없고 열 발짝도 못 가 금세 검다 그는 두 팔로 당혹스러운 몸을 감싸안고 일단 걸어보는데 순간순간 묻는 먹과 먹들 문득 부드럽게 등을 미는 무언가를 느끼고 화들짝 놀라 뒤돌아보니 당나귀가 그를 바라보고 있다 당나귀는 천천히 껌벅인다 가자고 어디로든, 어디로든

그럴 리가 없는데, 그는 말했다

새로운 침묵

오전에 나는 아주 큰 새를 보았어요, 해묵은 새, 그 새는 저 멀리 서서 나를 잠시 노려보았지요, 까만 눈에는 가시가 박혀 있었어요, 눈앞으로 삐죽 솟아 있었지요, 두리번거리며

뭐가 문제냐? 그는 말을 했고, 조금도 휘청이지 않았다 새가 깍깍대면 머리 위로 번개가 내린댔어요, 아주 큰 번개가, 꽈과광!

그는 여전히 자신이 어디에 있는지 찾고 있다

내가 지금 동쪽을 보고 서 있냐?

새는 코에 자기장을 감지할 수 있는 안테나가 있댔어요, 그것으로는 충분치 않은가 봐요, 꼭 쥐고 있는 갈고리로 나무를 흔들기도 했지요, 나무는 새의 말을 들어주지 않았지요, 가시 박힌 새

해의 방향을 봐야 해 그림자를 찾으면 알 수 있을 거야

침묵

새라면 새로 충분하지요, 나도 같이 바라보았어요, 가시를 뽑아주길 바랐던가요? 새는 입을 쩍 벌리며 위협했지요, 그 파란 입속, 날카롭게 솟은 이빨들이 줄지어 있었지요, 위태롭게 오늘 내로 찾고 말겠다 내가 누구인지

날개를 퍼덕거리고도 날지 못하는 것은 무엇 때문이었을까요, 나는 푸른 손가락을 들어 날개를 가리켰어요 봐, 그것을 흔들어, 하지만 새는 고개를 좌우로 까딱거렸어요 꼬리에 박힌 하얀 꽁지깃 몇 개가 흔들거렸지요

그 순간 나는 알게 된 거예요! 새는 자신이 나무를 지배한다고 여겼어요 나무가 자기 말을 듣고 있지 않은 줄도 모르고요 하지만 나무는 새보다 오래 알았지요

실수야 모든 것은

새는 모를 리가 없었지요 하지만 그 발톱이 나무를 꽉 틀어쥐고 있는 동안 눈에서 가시가 자라났어요, 앞으로 뾰족한 찌르는 그것이, 새는 날개를 퍼덕이면서 발을 놓지 않았지요, 하지만 새가 날아오를 수 있는 방법은 없어요, 가시가 어디를 가리키더라도, 흔들리는 머리뼈

어떡하면 좋을까요? 이미 아픈 새는 허덕이고 있어요

새는 어디로도 가지 못할 거예요

나는 그 새가 아니야

그것이 그 새의 실수였어요

옷을 벗은 사람의 일화

어깨를 빙빙 돌리면서 불평하는 사람이 여기에 있다 그는 옷이 너무 무겁다며 벗고 싶다고 청했다

지겨워요 이거 무슨 전신 수영복이에요? 옷을 입고 있는 줄도 몰랐어요 뭐가 이렇게 빡빡해요?

그는 훌훌 벗었고 무거운 양모 코트는 홀가분하게 툭 털어내졌다

좀 살 만한가? 일단 숨은 좀 쉴 수 있을 것 같고 어깨도 아까보단 덜 아픈 것 같아요

그는 만족하여 한동안은 여기를 찾지 않았다

그다음에 찾아왔을 때 그는 가능한 한 모든 옷을 다 벗고 싶다고 말했다

그러고 보니까 제가 다 벗은 게 아니더라고요? 다 벗으려면 어떻게 해야 돼요?

저번처럼 재킷을 벗어 여기에 맡기면 된다고 하자 그는 손으로 몸을 더듬어 재킷을 찾아냈다

이거 벗으면 되는 거죠? 이게 다예요? 더 벗을 건 없어요?

그건 생각하기 나름이라는 말을 들은 그는 의심스럽다는 표정으로 몸을 뒤지기 시작했다

이거랑 이거, 이것도, 이것도 벗을 수 있는 거 맞죠?

그는 셔츠와 바지, 넥타이, 민소매, 양말을 잡고 하나씩 뜯어냈다

마지막으로 속옷을 벗으려 경계선을 찾는 동안 그는 자기도 모르는 새 가죽도 함께 갈라내기 시작했다

이것까지 벗어야 다 벗는 거 아니에요? 이것도 좀 끼는데 벗는 게 맞는 것 같은데

어디엔가 지퍼가 있을 거라고 생각하자 몸통 앞판에 지퍼가 생겨났고 그는 지퍼를 죽 내려 미련 없이 가죽을 벗어냈다 가죽은 출렁거리다 힘없이 툭 털어졌다

이제 좀… 이제 좀?

그는 붉은 근육과 훤히 드러난 안구로 입을 벌리고 생각했다

아직 좀 부족한 것 같아요

그것보다 더 벗을 수는 없다는 답변에 그는 고개를 갸웃거렸고 사지를 움직이며 집중했다 집중하면 새로운 지퍼가 열리기라도 할 듯이

이상해요 아직도 몸이 끼는데 왜 못 벗는 거지

더 벗으려면 이곳의 관리자 정도는 되어야 하며 영원히 그런 일은 벌어지지 않을 것이라고 말해주자

그는 다 드러난 안구로 자신이 벗어 쌓아놓은 옷더미를 내일까지 바라보다가
여전히 그가 그라는 사실에 좌절하여 전부 들춰 입고 말았다

인 간

옷깃을 막 끌면 안 돼 손을 내밀고, 손이 올 때까지 기다려야 한다 우리의 오래된 규약대로

손님은 먼 길을 돌아오거든 네가 먼 길을 돌아온 것처럼, 우리에게는 할 이야기가 아주 많고 시간은 우리를 기다려주지 않는다 잡아 세우면 아예 달아나버리고, 천천히 조심스럽게 손을 청해라 가만히 서서, 그러나 느리게 움직이는 몸으로, 어떤 속도로든 춤출 수 있다고 믿으면서

혼자 춤출 수 있다고 믿는 것은 환상이다

받았니, 가볍게 어깨를 잡고 한 발을 앞으로 또 한 발을 뒤로 꼭 한 번은 뒤로 물러서는 것을 잊지 말렴 더 뒤로 가도 좋아 완전히 누워도 돌아도 좋고, 과감히 두 발자국 앞으로 나가보렴 무대는 크고, 차라리 살이 녹아들어오기를 기다려라 어디에든 내가 있다 멈추지 말고

하다 보면 네가 없는 것처럼
어느새 몸은 없고
춤이
춤을

소녀는 어딘가 위화감을 느끼고 형체만 있는 그것을 발로 찼다 오늘은 이상한 꿈을 꿨어, 손에 쥐고 있었는데 저 멀리서 친구가 부르는 소리에 고개를 돌렸더니 사라져버렸어 오랫동안 생각해봤는데 어쩌면 다 녹아버린 걸까? 공기 중으로 아이스크림처럼 그래서 불러도 다시 오지 않는 거야 다 핥아 먹은 것처럼

주웠던 골목 끝 화단 아래로 뛰어가는 얼굴로 땀이 주르륵 흐르고, 아이는 아까 왔던 골목인데 이상하다고 생각한다 여기가 어디지? 생소? 페인트는 녹고 있고 벽은 둥글다 숨이 헐떡헐떡 차게 뛰었는데 숨이 하나도 차지 않는다 후 후 이쪽으로 다가와

다칠 리 없는 명확한 실의 소리

긴장했지만 주변에는 아무도 없다 오천 가지 맛의 짭조름한 방울, 손으로 턱을 훔친 소녀가 뒤꿈치를 들고 천천히 다가간다 새소리? 얇고 위태로운 금속의 소

리를 따라 한 발짝 한 발짝 분명히 아까 거기였어 소녀는 생각한다 다시 만난다면 들여다볼 수 있을까?

소리는 가까워지고 있다 소녀의 심장이 울렁거린다 앞꿈치를 뗄 때마다 반대쪽 앞꿈치가 물렁해진 바닥으로 울렁 가라앉고 몸에서 더운 기운이 올라온다 가슴팍에 댄 손바닥 위로 무언가 겹쳐지는 것처럼 뜨거워, 온몸이 해를 통과하고 있는 것 같다 그래 이곳이 미래의 정박지란다 소녀는 어느새 고개를 끄덕인다

여기가 끝인가요?

들어와서 밥 먹어라!

그러자 도로가 화들짝 돌아왔고 목소리를 따라 일어났던 소녀는 뒤돌자마자 화단이 사라졌다는 사실을 알게 된다 소스라치게 놀란 소녀의 뜀박질 뒤로 직선은 다시 요동치고 있다 소녀 모르게, 깊은 곳으로

방 문

그저께는 할머니가 왔다 가셨어 흰 모자를 쓰시고
머리맡에 서서 나를 가만히
바라보다 이마에 그 따뜻한 손을
올리셨는데 듣질 못했대 내가 말하는 것을
서로 간절해도 모르는 때가 있어
부채가 차다
저쪽 어디에 숨겼대 에어컨 뒤쪽에
나는 포르르 날아가 보자기에 싼 부채를 덥석 집어 들어
방방 뛰면 내가 세상에 흩어진다
저 위에 계신 무서운 분을 부르고
저기 멀리 동해에서 오시는 근엄한 분과
선녀 손을 꼭 잡고 있는 어린 신들과
온갖 손님이 실리고 뜨는 동안
손이
나는 텅 빈 그릇이 되어 차고
생명은 간신히 유지하는 체온뿐인데
이마가
고깔모자를 쓴 할머니가 가슴을 짚고 있어

그 따뜻한 손으로
내 손으로
백 년을 거슬러 여기 들어온 할머니가
나를 붙잡고 나를 띄워서 방방
솟구쳐 오르는 중에도 땅을 바라면서
어디도 가지 말라고 슬피 울면서
신장대는 높이 춤춘다
따뜻한 심장 위에서

사 월

사월이 되면 솥에
와르르 쏟는 노란
파스타 구불구불한
은빛 구슬과 함께
흔들어 드세요, 물에
녹지 않는 슬픔을
풀어보는 시험은
끓는 물에 떠오른
이름

소금을 뿌리면 상하지 않는다지

잘 버무려 크게
삼켜 넘기세요, 매일
소화되지 않도록 내일
다시 만나 뱉어요 리본
스스로 풀리는
크고 넓은 배를

부여잡고 뛰어요 오래
뛸수록 아플 거예요 그새
몇 개는 사라지니 다시
삼켜요 눈 꼭 감고

찰랑거리는
슬픔

노란색
배의 종족

애끓는
배탈
모두의
이어야 할

우리의 핏줄은
먹어서 생겼어요 영원히
증발되지 않는 눈물로
끓인 말들로 된
몸들

사월의
몸들

다음과 같이 정리해보자.

(명제 1) 우리는 있었던 곳에 있을 수 있다
(명제 2) 네 소리, 얼굴, 걸을 때 몸이 살짝 틀어지는 것, 경청하는 눈빛, 손을 흔들 때 손가락이 벌어지는 습관, 네가 아니면 아무도 만들어낼 수 없는 그런 것들이 너에게 있다
(명제 3) 너에게 있는 무엇도 내가 만들어낼 수 없다
(명제 4) 내가 만들어낼 수 없는 것이 내 안에 있다면 그것은 네가 존재했기 때문 속속들이
(명제 5) 너는 끊임없이 존재한다 매 순간 만들어지면서 힘을 유지하면서

2부터 4의 결론
그러므로 이것은 꿈이 아니다 네가 있었던 것 세상에

나는 칼로 연필을 깎다 말고 너의 긴 속눈썹을 생각한다 한두 개쯤 흘린

1부터 5의 결론
바로 여기에 지금
어디에나 네가 있다
살아 있는 사람으로

이렇게 흐르다 보면 뒷모습을 볼 수 있을지도 모른다는 희망에

흰옷을 입은 연구자는 허공에 뜬 종이를 손바닥으로 단단히 받치고 연필로 긴급히 쓰고 있다
이것은 아주 중요한 발견이 될 것이다, 어쩌면 역사를 바꿀 수도 있는

이곳은
전진이 후진을 약속한다

(세계는 한 번도 전진한 적이 없다)
(앞서나간 사람들은 모두 뒤꽁무니에서 따라오고 있다)

글씨를 쓰는 손은 빨라지고 점점 울퉁불퉁해져간다
그는 오래전 자신을 떠나간 강아지를 생각하고 있다
그리고 어쩌면 전쟁과, 이성도

산소는 줄어들고
경고창은 아까부터 요란하게 울려대고 돌아가십시오
그러나 새 소식은 들려오지 않고
이곳에서는 폭발하는 어떤 것도 소리 내지 않는다

이렇게 앞으로 나아가다 보면 모선(母船)을 볼 수도 있을 것이다 그리고 사람들도

(쉼없이달려가는전차는오로지돌아와야만의미를)

(나는사람들을뒤에서안을것)

종이는 찢어지지 않는다

상어가 빛날 때

상어가 빛날 때*
상어가 종이 쪼가리만 한 손톱을 앙 물었다 도로 뱉을 때
긴 호흡이 물 위를 바라 공기 방울로 터져버릴 때
해조들이 몸을 돌려 그를 외면하고
설칠 곳 없던 가자미가 눈이 튀어나오도록 놀랄 때
온 곳도 간 곳도 모른다던 어린 새들이 그를 알게 되었을 때
춤추던 새우들은 천적을 웃고
상어는 몸을 바꿔 푸르게 빛남으로
투명하다고 들은 바다에 숨을 잠기고

너는 없다고 말하는 목소리

상어는 몸을 돌려 둥글게 헤엄친다

해저의 눈
펄럭이는 네온사인들

위에서 꽂은 기둥은 움직이지 않고
그러므로 어디로도 떠나지 않는 산호들
여기
이곳에
수군대는 실고기들은 몸을 돌려 자리를 넓힌다
상어를 감싸는 오래된 불빛
어차피 오래 머물 수는 없을 거라고, 그는 말한다
몸을 만 상어에게서 빛이 날 때
그의 푸른빛이 바다의 것이 되었을 때
아무도 그가 바다인 줄도 모르게 되었으나
새로운 빛이
상어는 조용히 잠들었네

---

* 율리아 슈네처, 『상어가 빛날 때』, 푸른숲, 2023

이 향

아아, 여기는 당신의 오래된 고향
모두 떠나기를 기다리고 있어요

급하게 방으로 달려가 카메라를 가져왔다 70mm
까지 죽 당겨보는 나뭇가지 위 꽁지깃은
갸웃거리다 이내 포로로 날아가버리고

예고 없는 출발에 늦는 것은 사람뿐

저들은 모두가 어디에 있는지 알고 있다, 새들은 빠르게 다른 곳을 찾는다, 그들은 명사이면서 동시에 동사다*

반대쪽 창문에서는 구급차의 사이렌이 들려오고
누군가의 울먹이는 소리
식탁보에는 파스스한 개미 몇 마리가 행진하고 있다

오토 포커스에는 파동이 잡히지 않는다

이곳은 곧 폐허가 될 거예요
모두 짐을 싣고 떠나요, 집을 지을 곳은 많아요

약속 없이 멀리 가는 소리들

식탁에 앉아 코끝으로 개미를 좇았다 꽁무니에
지도를 달고 다니는 친구들 머리로
머리를 들이밀면 들릴까 선언하는
소리가

초침을 따라 유리를 딱 딱

두드리는 손가락에는 지문이 없다
바람도 모르고 지나가겠네

반 접힌 다 큰 생물을 누가 데려가?

그러나 나는 오기로

렌즈를 돌린다 80 90 130
개미의 허리마저 갈라버릴 기세로

가장 큼지막한 피사체로
소리 없는 파노라마로

조용한 이 집은 영문 모를 봉투
누군가 머리 위에서 꽁다리를 묶을 거예요

묶기 좋게 다리도 마저 접는 게 좋겠어
묵직한 카메라가 걷잡을 수 없이 커지는 동안
봉투 안의 공기는 희박해진다

시계도 더 이상은 안 돼

똑 떨어진 초침에는 누군가 살림을 차렸던 흔적조차 없다

깨어나면 이곳, 깨어나면 이곳

버티던 손은 다 짓이겨졌고
겨우 누가 옮겨주었으면 꿈쩍도 않는
이 검고 커다란 봉다리를 들고
어디든 뚫어서

포로로

풀어주었으면

나는 제법 말을 잘 들을 자신이 있다
흐물흐물한 몸을 일으켜 몸통만 한 카메라를 붙잡고 대충 찍는다 창문으로
귀를 기울이고
그게 수용소의 방식이니까

아 아 여기는 사람의 오래된 감옥,
찾아와주세요 이 사진을 보고

식탁을 탕 탕 내리친다
겨우
장면에 불과한 몸으로

---

* 멀린 셸드레이크, 『작은 것들이 만든 거대한 세계』, 아날로그, 2021

나무를 죽이려면 세로로 패야 돼요
가로로만 패는 게 아니라, 그러면 다시 위로 자라난다고요
장작 팰 때처럼 위로 높이 들었다가 힘을 실어서 척 내리꽂는 거지요

나무들이 수군댄다 저 사람 환청을 듣고 있어

도끼를 든 사람은 번들거리는 눈으로 자신이 두고 온 가방을 내다보고
검게 축 처진 가방 안의, 농약과 영양제들
갈라진 밑동 위로 갑자기 몸을 던져 끌어안는 사람의 위로
까마귀가 울고 있다

품에서 흘러나오는 제초제가 틈 사이로 스며들고
머리를 쿵쿵 찧는 사람
나무들은 그의 얼굴을 알고 있다 그가 나무들을 심었기 때문에

찢어지고
갈라지는 껍질들

나무는 몸을 내밀어 깊이 헤엄치고
불타는 피부가 쩍쩍 갈라지는 동안에도
새로운 세계가 있어

뿌리는 앞을 모른다 오직 자라고
나무는 밑동을 들어올려 사람을 깨운다 비켜, 올라가야 해
저 사람의 커다랗게 뜬 눈에 들려오는 아잇 저 새끼가 다 조졌네 젠장
그리고 나무는 보고 있다 그가 뒤로, 뒤로 뒷걸음질치는 동안
품에 든 제초제를 꺼내 멀리 던지는 모습을

그가 무엇인가를 말하고
까마귀가 큰 소리로 운다
나무들은 커다란 소리로 웃고 있다
울리는
축축한 땅

아주 높이까지 오르는
창문 위의

세 가닥의 실을 꼬았어 이것을 네게 주어야 해

좌 중 우
중 좌 우
중 우 좌
우 중 좌
우 좌 중
좌 우 중
좌 중 우

이건 우리가 지키기로 한 약속이야
어디로도 길을 잃지 않기로 한 강제야
아주 멀리 떠나도 지글거리기로 했잖아 우리는

다들 보고 있을 거야 우리를 — 우리는 제법 거친 면이 있잖아 — 뜨개질의 여신들이 코웃음을 치고 있다고

너는 끄떡없이 떨어진다

말했잖아, 이걸 받아 우리는 미로를 헤쳐 나가는 연인처럼 돌아가야 해
이런 일이 있을 거라고는 말해주지 않았잖아

너는 더듬이를 뻗어 창문에 가만히 갖다 댄다
창문을 닦을 필요는 없어.

한쪽 끝을 붙잡은 네가 눈부신 창 위로 전진한다
바모스, 바모스
세 여신의 비웃음을 안고
과도한 빛에 움츠리면서
끝도 없이 실망하면서

나는 다시, 또다시를 외친다 너는 다시, 또다시구나 너를 배반하고 있어 너는 짧게도
꼬아놓은 순서조차 무시한 채
꽁무니 아래로 뻗은 운명을 붙잡고
그것이 밧줄이라는 듯이
등반의 증거라는 듯이

오늘도 새롭게

어느 순간 너는 몸을 뻗어 올리고
더 이상 무엇도 중요하지 않다
꽁무니는 무엇도 낳지 않는다

중 우
중 우
중 우
중 우
좌 중 우
좌 중 우
좌 좌 중 우
좌 좌

너는 슬쩍 아래를 쳐다보고
여신은 깔깔 웃으며 한쪽 끝을 자른다

옆 말 잇 기

바다 위로 떨어지는 빛 쪼가리들을 봐
우리는 물거품이 되는 법을 배워야 한다 —
산산이 흩어지는 무덤들

해변에 모로 누워 모래를 서걱이는 동안

오래전에 뛰어든 사람은
우리의 목을 찰싹이며 적시고 있다

세포는 하나씩 물방울이 되어 —
손가락 끝으로 뚝뚝 떨어지는 나
회복의 기회는 물속에서

해조류는 물을 붙잡는 법이 없지
오래도록 잠수할 뿐

바닷게는 길게 뻗은 팔을 지나 볼을 밟고 어깨 위에
서 있다

멀리 보아야 해

바다가 마르더라도

모래가 몸의 형상을 채우고
눌린 자리마다 알갱이로 부서진다 —
다리는 아마도 가재의 것

게는 가슴을 타고 내려와 세차게 뛰어간다

햇빛 아래서
존재했던 것은 존재하지 않고
길죽한 영혼에는 그림자가 사라지는 중 —
파도 소리가 그를 덮어간다

우리는 단지 옆으로 살아 있고
뻗은 손이 다음 손이 되는 릴레이, 아흔아홉 번이라도
분해되는 손가락
가리키는

이것은 갈색의 나무야
이것이 갈색의 나무야?
나무가 갈색이야?
갈색이 무슨 색이야?
색이야?

이 부슬부슬 떨어지는 부스러기들, 무거운 그것들, 그것들도 나무야?
개미가 소리치는 목소리는 떨어지는 나뭇가지 소리에 묻혀 들리지 않는다

어디부터 어디까지?

몸은 푸른 이끼 아래서 작은 연못가를 지나 나무 뿌리를 타고 전봇대에 이른다

여긴 [연못] [나무] [전봇대]야!

전봇대에서 물러나면서 연못 근처를 배회하면서 나무뿌리를 서성인다
여긴 [충분해] [풍족해] [위험해]!

너는 동시에 이곳이면서 저곳일 수 있다

규칙의 험담들
오래전이라는 누명들
푸른 털을 푹 눕히고 땅속에 등을 비비는 곰팡이
새는 날아가지 않고
꽁지깃을 세워 바람을 가늠한다

끔찍해!

날개는 구름을 통과하는 동안에도 젓지 않고 소곤거렸다

이곳이 내년의 집이야!

바람은 고요하고 머지않은 곳에 물이 있다 지난번보다는 작지만
너는 집을 두고 떠날 수 있다

화려한 풍경들
이것이 색이라고 주장하는 신호등
무심한 비를 얹고 걸어가는 사슬 위의 사슴
개미는 사슴이 갈색이냐고 묻는다
갈색이야?

색이야?

사슴의 등 위에서 세계는 밝고 고되다
맡아본 적 없는 냄새를 무릅쓰고
너는 땅 밑 가장 넓은 집을 지으러 간다

네가 모든 곳에 존재하는 곳으로
이끼가 될 곳으로

무 한 히 열 두 갈 래 로
갈 라 지 는 길 III

I.

그의 먹은 아흔아홉 사람이 아흔아흐레 동안 키운 버섯으로 완성된 것이었다 기록은 축축하고 검은 모든 곳에서 불쑥 튀어나왔기 때문이다 사관들은 오직 백 년 된 나무의 그늘에 가린 곳에서만 버섯을 길러 똑똑 따냈고 손이 온통 검어지도록 하루 종일 손질했다 그들은 여기에 모든 것이 달려 있다고 믿었다 모든 것이, 그토록 오랫동안 생을 바친 이유가 여기에 있다고 믿었다 믿었기 때문에 그들은 손톱이 빠지는 것도 괘념치 않았다 먼지와 포자는 콧속을 침투하고 흙은 지문을 닳아 없앴다 오로지 여기에

진리를 찾는 자는 무릎 꿇으라. 첫 줄에는 늘 같은 문장을 쓰도록 되어 있었다 석 달 동안 두드려 만든 아홉 자 종이는 바닥에 넓고 길게 펼쳐졌다 쓰는 자는 종이 위에 가지런히 무릎을 꿇고 팔꿈치가 종이에 닿을 만큼 몸을 숙여야 한다 가장 엎드린 자세로 첫 줄을 쓴다 첫 줄은 첫 줄로 시작할 수밖에 없으므로 쓰는 자는 여기에서 벗어날 수 없다 진리를 찾는 자는

도무지 알 수 없었다 어떻게 모든 것이 달려 있는지 모르는 채로 모르는 채로 그러나 이유를 모르는 일에는 모르기에 의미가 있다는 사실을 그는 몰랐다 모르기 때문에 계속 쓸 수 있다는 사실도 그는 몰랐다 그들은 이유를 원하거나 원하지 않는 것은 중요하지 않다는 사실은 알았기 때문에 믿은 채로 가만히 믿은 채로 계속 쓸 수 있었다 사관은 첫째 줄을 마무리하고 몸을 일으키지 않은 채 곧장 둘째 줄로 손을 옮겼다 옆에 선 다른 사관이 그에게 말했다 신의 뜻을 아는 이가 노새를 끌고 걷고 있소 언제 어디서 나타났는지는 알려져 있지 않소 그의 소문은 무성하나 눈에는 아무것도 담겨 있지 않소 사람들이 그의 뒤를 따르고 있소 노새의 털이 유난히 희고 그 사람에게는 남은 것이 없을 것이오

사관의 증언은 예언처럼 들렸다 사관은 미래형으로 말했기 때문이다 그러나 미래형이 예언임을 보증하는가, 미래형은 그저 추측에 불과한 것이 아닌가, 왜 미래형으로 이야기했는가, 그는 적다 말고 고개를 숙인 채로 사관에게 물었다 그 사람에게는 남은 것이 없을 예정이오, 그러자 사관은 같은 말을 반복했다 그 사람에게는 남은 것이 없을 것이오. 그게 다요 그는 고개를 끄덕이고 사관의 말을 그대로 적었다 그 사람에게는 남은 것이 없을 것이오.

3.

이 종이에 둥글게 쓰면 아니 됩니까?

그는 고개를 들어 앞을 바라보았다 이 넓고 커다란 종이에 글을 둥글게 쓰면 안 되는가, 그는 생각했다 모든 기물이 사각형이므로 글도 사각형이어야 한다는 오래된 상식이 왜인지 통하지 않는다고 느껴졌다 그는 지금 쓰던 그 줄을 그대로 이어서 방향을 틀면 안 되는가, 사관에게 물었다 사관은 태어나서 처음 듣는 질문에 어찌할 바를 몰랐다, 아무도 그에게 글을 둥글게 쓰면 안 되냐고 묻지 않았다, 세상에 그런 규칙은 없기 때문에, 그렇다고 해서 반드시 줄을 맞춰 글을 써야 한다는 규칙도 없었다, 아무도 그런 것을 정한 적이 없으므로 그러한 규칙은 없었지만 모두가 그렇게 썼기 때문에 그러한 규칙이 있었다고 볼 수도 있을 것인데, 그럼에도 사관은 아무도 그러한 규칙을 직접 정한 적이 없다는 사실에 당혹스러워했다 둥글게 쓰는 순간 글은 격파당할 것인가? 사관은 텅 빈 눈으로 허공을 바라보았다

4.

그의 손은 점점 대각선으로 내려가 고개를 틀더니 이내 완전히 다른 방향으로 자리를 잡는다 무릎 꿇은 몸도 함께 비틀어지며 그는 이제 세상에 있지도 않으며 없지도 않은 규칙으로 글을 쓰기 시작한다 말씀하십시오

사관은 영문을 모른 채 그저 전한다 신의 뜻을 아는 자는 절벽을 찾고 있소 왜 절벽을 찾는지는 아무도 모르고 그 사람에게 신의 뜻을 물어도 답도 하지 않으며 길을 모르는 사람처럼 한쪽 방향으로만 돌 줄 아는 자요 이제는 그에게 무엇을 물어도 소용없으므로 사람들도 그에게 실망할 것이오 그는 고개를 끄덕이며 받아 적는다 글은 종이의 긴 면을 따라 가로로, 가로로 길게 이어진다 아홉 자는 길고 그의 밤 또한 길다 세상의 밤은 어느새 먼 동짓날의 그것처럼 긴 그림자를 드리우고 있다 그는 밤새워 쓸 준비가 되어 있다 저 먼 길 끝에서 거꾸로 앉을 준비가 되어 있다

5.

종이는 그에게 묻는다 여기가 어디인지 알고 있어요? 그는 어깨를 한번 으쓱, 하고 만다 안다고 답해도 모른다고 답해도 거짓이 될 것이다 그는 처음부터 알았으며 혹은 처음부터 몰랐다 가장 끝줄을 제일 먼저 쓰는 일에 대해 알기 위해서는 가장 끝줄이 무엇인지부터 알아야 하기 때문이다 그러나 그는 가장 끝줄이 가장 끝줄이 아니기를 선언하였으므로 그것이 무엇인지를 안다고 말할 수도 모른다고 말할 수도 있었다 가장 끝줄이 가장 끝줄이 아니라는 것이 그가 선언한 바였으므로

멀리서 흙냄새 나는 바람이 불어왔다

닫힌 방 안이지만 그는 이상하게 생각하지 않는다 그는 그저 자신에게서 들려오는 푸르르, 소리를 듣는다 마치 자신이 말이 된 것처럼, 그는 말이 되어 종이 위를 걷는다 여기는 무엇도 없는 곳, 뚜벅뚜벅 걸어도 끝간 데 없는 모든 곳에서 동시에 울음소리가 들려오고 있다 그는 자신에게서 나는 소리가 땅 저곳을 울린 후에 귀로 돌아오는 것을 듣는다 심장은 오래전부터 땅 밑에서 뛰고 있다 한숨은 구름의 것 그의 발굽에는 검은 버섯의 둥근 머리, 그러나

6.

바람으로부터 그는 듣는다 진리를 찾는 자에게 경계 없는 곳은 허공에 불과하고 경계가 없는 곳에서는 아무것도 생겨나지 않으며 경계 없는 곳에서는 응축도 지각도 일어나지 않소 그는 잠시 가만히 서서 듣는다 저 아래서 들려오는 곰팡이들의 속삭이는 소리 숲은 숨 쉬고 나무들은 잎을 흔들어본 적 없는 소리를 낸다 어디에서도 들릴 것이다 실망스러운 사람이라고 해도, 그는 발굽을 들어 땅에 긋기 시작한다 길게, 아주 길게 천천히 땅을 그으며 나머지 세 발로 균형을 잡고 몸을 지탱한다 아무 데도 멀지 않다 긋는 동안 그의 손에서는 땀이 흐르고 흩어졌던 그도 어느새 자신의 심장과 다리로 돌아와 바닥을 짚는다

그는 어느새 거꾸로 앉아 있다

그는 거꾸로 앉아 있으므로 끝마친 후의 광경을 다 보았다

먹이 든 종이 곳곳에서는 잃어버린 곰팡이가 피어오르고 군데군데 퍼렇게 멍든 채로 아홉 자의 종이는 조금씩 야위어간다 그러나 야위는 동안 종이는 점점 더 길어져 더 이상 글자의 형태를 알아볼 수 없을 정도로 길어진다 열 자, 열한 자, 스무 자, 얇고 파스스한 것이 되어가는 동안 그는 오로지 붓 끝만을 보고 있다 모든 것이 아니어도 좋다 그는 찰나의 모든 것의 감각을 간직한 채 모든 길이 채워지는 종이를 바라보면서 둥글고 기다란 선을 줄을 맞추어 그어나간다 그가 쓰는 것은 그의 역사가 아니므로 그는 오로지 듣고 만들어 쓰는 일에 몰두한다 사관의 역사는 없어도 좋다 쓰는 사람은 쓰고 있으므로 역사가 없다 쓰면서 동시에 읽고 있기에 그는 씀으로써 가까스로 만들어진다 그가 씀으로써 가까스로 하나로 만들어지는 동안 그는 다시 만나는 모든 것에 눈이 멀어버릴 것이다

의도를 헤아릴 수 없이 계속 나아가야만 하는 삶의 고통스러움을 딛고

선우은실(문학평론가)

절대 정언의 형식, 우화

우화는 분명한 교훈적 메시지의 전달을 목적하는 비유적인 형식의 서사 담화를 말한다. 잘 알려진 예로 이솝 우화를 떠올려 보면 좋을 것이다. 최소한의 허구적 형식(이를테면 여우가 말을 하는 정도의 허구)을 경유하여 교훈적 메시지를 전달함에 따라 실제 삶에 일정한 도덕적·윤리적 메시지를 전언하는 것이 우화의 형식적 미학이다.

한 연구에 따르면 이러한 우화의 형식은 성경의 '우화'(parable)를 유래로 삼는다. 요컨대 "예수님이 자신이 말하고자 하는 바를 대중에게 용이하게 전달하기 위해서 사용한 것으로 이야기 형식을 취한 간접적인 비유의 서술 방식"[1]이 우화의 핵심을 이룬다. 여기서 주목해야 할 점은 바로 그것이 삶에 침투하여 도덕과 윤리적 지침이라는 하나의 규약을 강조한다는 데 있다. 우화는 그저 이야기에 불과한 것이 아니라 실제 삶의 행동 양식을 제안하고 교정할 만큼 강력한 정언적 성격을 띤다. 우화라는 형태로 빗댄 이야기는 곧 신의 언어를 빗댄 이야기라는 형태를 거쳐 간접적으로 표상하는 것이기에, 이야기가 주는 교훈은 곧 신의 명령이자 인간의 삶의 규약에 대한 예언처럼 작동하기도 한다.

우화라는 형식이 이렇듯 신의 언어라는 절대 정언에 의한 삶의 규약과 관련된 것이라고 볼 때, 이는 김겨울이 소환하는 '우화들'에서도 여전히 유효한가? 흥미롭게도, 이 시집의 제목이 '우화들'임에도 불구하고, 또 많은 시편들이 신화적·종교적 요소들을 경유하여 하나의 우화적 형태를 차용함에도 불구하고, 이 시집의 언어는 절대 정언을 대리하는 데 관심이 없어 보인다. 오히려 신의 정언이 유효하지 않은 지금 이 시점에, 감히 신의 이야기를 소환함으로써, 유일무이한 삶의 진리란 없으며, 금 간 진리의 틈새 사이로 새어 나오는 지극히 개인적인 것을 소명하고 있는 듯 보이기까지 한다.

---

1 권경득·김덕희, 「우화의 미학: 호손의 주홍글자」, 영어영문학연구 26 (2), 2000, 1면.

그러므로 우화를 하나의 미학적 형식으로 표방하려는 이 시집을 읽어나가고자 할 때, 우리가 던져야 하는 질문은 '어떠한 절대 정언을 삶에 침투시키려는가'에서 한 차례 전회되어야 할 것 같다. 절대적 진리를 추구해나가는 것이 불가능하기에 신의 언어가 무력하다고 해도 과언이 아닌 이 시점에, 신을 호명하는 까닭은 무엇인가? 신의 언어에 정당성과 권위를 부여하려는 의지의 정확히 반대편에 서서, 그 신을 통해 이 시가 말하려는 것은 독자의 삶에 어떻게 (다르게) 파고드는가?

의미를 찾을 수 없는 삶의 고통스러움을 위한 우화

우리가 무언가를 이야기하고자 할 때 신화적 서사 요소를 차용하려는 까닭은 무엇일까. 이는 현재의 상황이 매우 불만족스럽고 모든 것이 명쾌하지 않은 데다, 삶의 불가해함 앞에서 우두망찰하고 있다는 것의 반증인지도 모른다. 지금 이런 상황에 이르게 된 명확한 이유를 필요로 함에, 지금 이런 현실 서사의 기원이 되는 원형에 빗짐으로써 지금 이후를 예언적으로 성찰하고자 하려는 까닭이다. 이는 왜 살아 있는지 모르고, 왜 살아가야 하는지도 알 수 없으며, 목적 없이도 살아 있음의 쾌(快)를 느낄 수조차 없는 상황을 납득시키기 위한 고통스러운 자구책이기도 하겠다.

그런 측면에서 볼 때 이 시집에서 신의 말씀을 에

두른 우화적 형식을 차용하는 시의 이면에는 지금 이 삶을 이해할 수 없음에 대한 고통스러움이 자리한다. 시집의 안내서 역할을 하기도 하는 첫 시 「무한히 열두 갈래로 갈라지는 길」은 이러한 고통스러움을 우화적 형식으로 빗댄 시다. 신의 예언에 따라 길을 떠날 운명에 처한 '그'는 "예언 없는 예언자"가 되어 길을 헤맨다. 그는 신이 자신에게 '어떤 것'을 예언했다고 믿으며 그것을 실현하기 위해 일단 세상 밖을 헤매게 되었는데 그 과정이 순탄치 않다. 그는 때때로 이 뜻 모를 예언을 실행하기 위한 순례길이 일종의 형벌이라고 생각한다. "하지만 형벌을 받을 만한 일을 했던가? 형벌이라면 무엇에 대한 형벌?" 신도, 그도 이 질문에 대답하지 않는다. 그는 다만 그 자신이 예언을 실행하는 자라는 책무를 안고 있음을 떠올리며 발길을 재촉한다. 그런 그는 어느 무렵 예언의 정체에 대하여 다음과 같은 결론에 이른다.

> 그는 가진 모든 것을 가장 멀리 버리기 위해 자신이 가진 모든 것이 무엇인지 셈해보았다 (중략) 모든 것을 버리라는 말은 그야말로 모든 것을 버릴 만큼의 각오를 가지고 버리라는 뜻이었고 그는 자신이 버릴 수 없는 것을 버리거나 언제든 버릴 준비가 되어 있는 것을 버리는 것만으로는 충분치 않다고 느꼈다 (중략) 그가 가진 가장 버릴 수 없는 것이 겨우 그 자신이었

으므로, 그는 그 자신을 버림으로써 모든 것을 버릴 수 있으리라고 생각했다 (중략) 예언은 신의 예언이었고 신의 예언은 실현될 것이기 때문이었다

–「무한히 열두 갈래로 갈라지는 길」 일부

그는 신의 예언이 어딘가 계속해서 먼 곳을 향하라는 것이리라 짐작한다. 말인즉, 그가 지닌 모든 것, 머무르게 하는 모든 것에 멈추지 말라는 뜻이라고 그는 해석한다. 그런 까닭에 그는 버리는 것이 예언의 정체라는 결론에 이른다. 그는 이 시험에서 자기 자신을 버리기로 결심한다. 그것이 신의 정언이기 때문이고, 그는 신의 예언을 실현하는 자여야만 하기 때문이다. 그러나 시의 말미에 이르러, 어떤 서술자는 그가 이미 단 하나의 예언을 실현했음에도 불구하고 그 자신만이 그것을 알지 못한다고 이야기한다. 예언하지 못함으로써, 다만 길을 떠남으로써 이미 실현된 예언이었다는 것이다. 게다가 이 모든 것이 한낱 꿈이었음이 폭로되는 시의 종결부에 이르러 길을 떠나는 것을 완전하게 거부한 채 방에 은폐되기를 선택하는 그의 모습은 비웃긴 채 마무리된다.

이 시는 신의 예언자를 자처했던 이가 신의 뜻을 알지 못한 채 스스로 고난에 처하게 되었다는 이야기에 그치지 않는다. 긴 이야기 끝에 이 모든 것이 꿈이며

그 꿈에 압도당해 스스로를 유폐하기를 선택하는 장면이 거대한 존재감을 드리우며 등장한다. 이와 같은 시간의 이중 구조 형식은 두 개의 이야기가 같은 층위에서 벌어지고 있지 않을지도 모른다는 가능성을 제시한다. 다시 말해 '길 떠남'의 서사와 꿈에서 깨어 자신을 유폐하는 서사는 동일 선상에 놓여 있지 않을 수 있다. 그렇다면 신에 의해 시험당하노라고 이 고통을 겪게 되었다는 시의 절반 이상에 해당하는 서사의 한 축은, 목적도 의도도 모른 채 삶을 지속해야 한다는(길을 떠나야 한다는) 것에 대한 고통스러운 현재(결말부의 현실)가 불러온 하나의 우화적 형식으로 이해될 수 있다.

한데, 내용에 기대어 이 시 자체를 하나의 우화적 서사로서 독해하는 것도 무리는 아니겠으나 이것이 이야기의 형태를 빌린 하나의 시라는 점을 주지할 필요가 있다. 시에서 차용된 서사적 내용 자체를 이해하는 것 못지않게, 이러한 이야기적 형태를 빌려 화자가 어떠한 삶의 감각 내지는 서정을 토로하는지 파악해야 한다는 의미다. 신에게 운명이 점 지어진 이가 고통스러운 현실을 감내하는 상상을 동원했던 까닭은 모든 것이 운명지어진 꿈에서조차 구원되지 못하는 목적 없이 나아가는 삶에 대한 고통스러운 감각을 드러내기 위함이지 않은가. 이것이 바로 시의 핵심에 자리한 한 줄의 진실이다.

한편 김겨울이 전면화하는 우화적 형식은, 우화의 본래적 성격과는 달리 절대적 정언이 신에게조차도 불분명하고 불가능한 것임을 보여준다는 점에서, 근대 문학적인 성격을 띤다. 간단히 말해 근대 문학이란, 기원을 확인하고 고향으로 돌아오는 형식의 신화적 플롯이 더는 유효하지 않은, 길 잃고 고향으로 돌아오지 못하는 떠돎의 형식이다. 이런 차원에서 보자면 김겨울의 시가 차용하는 우화는 우화의 미학 자체에 기대지 않고 그조차도 하나의 비유로서 간주하는 일종의 난센스(nonsense)적인 시적 장치다.

신이 점지해주는 엄정한 삶의 진리는 불가해한 현실의 고통스러움을 종식시키지 못할 뿐만 아니라 그 고통 자체를 가시화하는 하나의 렌즈로서 활용됨을 앞선 시에서 확인했다. 「출근」은 여기에서 더 나아가, 신의 입장에서도 인간이 처한 곤란에 달리 무슨 의도나 방도 같은 것들이 없음을 일종의 서비스직의 발화 형태로 드러낸다. 신은 인생의 진리 같은 것을 인간에게 선사할 의지나 의도가 없었음을 그 자신의 입으로 고백함으로써 신에게 부여된 진리 추구의 권위 따위는 이미 실현될 수 없음을 발설하는 모순적 존재로 재현된다.

이 시는 "deus&co."라는 회사에 근무하는 신이 인간의 민원에 응답하는 형태로 쓰여 있다. 신은 각종 항의 메일을 받는다. 인간에게 각질이 왜 필요하냐, 이 회사에 아무도 근무하지 않는다(무신론) 등의 내용은 물론, 왜 인간 삶의 난이도를 대체 이따위로 만든 거냐며 인간은 버그투성이의 존재인데 이것이 뭔가 잘못된 것이 아니냐고, "사람들은 버그도 다 의미가 있다고 생각"하는데 사실은 아무 생각 없었던 거 아니냐며 항의하는 메일을 받기까지 한다. 오류투성이인 인간이 정말 의도된 생(生)이냐는 질문에 신은 다음과 같이 답한다.

> Re: 누굴 탓해요?
> 고백합니다, 처음에는 저도 이렇게 될 줄은 몰랐습니다. (중략) 하지만 그게 파괴로 달려가는 가장 빠른 길이었다는 것을 뒤늦게 깨달은 후로는, 바로 잡기 위해 최선을 다했습니다. (거짓말이다.) 아무도 제 말을 듣지 않았다는 것만 빼면요. (중략) 정말 중요한 것은 이미 돌이킬 수 없는 선택들이 벌어졌고, 그것을 우리는 받아들이고 살 수밖에 없다는 것입니다. 물론 저의 이런 말에 대해 무책임하다고 항변하실지도 모르겠습니다. 충분히 이해합니다. 하지만 저라고 해서 잘 살고 있는 사람들을 전부 들어내 새로운 세계에 던져놓을 수도 없는 노릇입니다. (거짓말이다.) 예전처럼 무슨 홍수를 일으킬 수 있는 것도 아니고… (중략) 이 직전 메일이 뭔지 아십니까? 제가 존재하지 않는다고 주장하는 메일이라고요! (중략) 하긴, 제가 생각해도

그럴 수도 있겠어요. 이렇게 오랫동안 버그를 방치해 두었으니까요. 하지만 거기에 의도가 없었던 것은 아닙니다. (거짓말이다.) 저는 사람들이 그것들로부터 배울 줄 알았어요.

—「출근」 일부

신의 고백으로 이루어진 한 항변에 대한 이 답장은, 신의 거짓말에 대한 보고(報告)이기도 하다. 발췌한 부분에서 "(거짓말이다.)"는 세 번 등장한다. 이 문구가 앞 문장에 걸리는지 뒤 문장에 걸리는지 불분명한 탓에 그 두 가지 가능성을 모두 고려하여 무엇이 거짓인지 판별해볼 필요가 있다. 첫 번째 거짓말은 인간에게 "약간의 넛지"를 했을 뿐인데 속수무책 버그가 퍼져나간 것에 대해 그것을 바로 잡기 위해 최선을 다했다는 것, 혹은 아무도 그의 말을 듣지 않았다는 것 중 하나다. 즉, 신은 잘못된 것을 바로 잡기 위해 최선을 다하지 않았거나, 사람들은 그의 말을 들었다. 두 번째 거짓말은 어떤 오류를 바로 잡기 위해 멀쩡히 살고 있는 다른 사람들까지도 싹 다 들어낼 수는 없다는 것, 혹은 예전처럼 홍수를 일으킬 수 없다는 것 중 하나다. 다시 말해 다른 사람들의 삶까지도 모조리 파괴함으로써 이 세계를 리셋할 수 있거나, 예전처럼 홍수를 일으킬 수도 있다. 마지막 거짓말은 이러한 버그의 유포에 의도가 없지 않았다는 것, 또는 그로부터 사람들이 뭔가를 배울 거라고 예상했다는 것이다. 달리 말해, 버그의 유포에 의도가 없었고, 사람들은 그로부터 뭔가를 배우지도 못했을 수 있다.

세 개의 거짓말에 걸려 있는 앞뒤 문장을 위와 같이 정리해보면, 어느 문장에 걸려도 거짓말의 내용이 변화하지는 않는다는 사실을 알 수 있다. 신은 잘못된 것을 바로 잡을 생각이 없었고 사람들은 그런 그의 의도를 받아들였으며, 세상은 신의 의지에 따라 언제든지 멸망할 수도 있었고(마치 과거에 한번 일어났던 대대적인 형벌처럼), 어떤 종류의 잘못된 삶에 대한 실행에는 그 어떤 의지가 개입되지 않았으며 사람들은 이 무의지적인 곤란 속에서 아무것도 배우지 못한 채 살아가고 있다. 초월적 존재가 컴플레인에 답한다는 형식을 빌린 이 구절에서 명확하게 확인되는 것은 신의 의지가 아니라, 신조차도 해명할 수 없을 만큼 속수무책의 세계에서 우리는 마치 아무것도 배우거나 깨닫지 못한 채 계속 살아가고 있다는 것이지 않은가? 삶의 곤란이라는 문제는 그것을 설계했다고 여겨지는 존재에게조차도 골칫거리이고 그조차도 뚜렷하게 해결할 방법이 없는 무엇이라는 사실만이 강렬하게 감각된다.

남은 질문은 이것이다. 우리가 현실의 이 삶이라는 처치 곤란한 문제를 어떤 식으로든 해결하기 위해서 소환한 것이 신의 말씀이자 우화라는 전언적 형식

임에도 여전히 어떤 탈출구나 해소의 여지가 보이지 않는다면, 이제 어떻게 해야 하는가?

어디론가 향하는 사람이 '가장 나종 지니인 것'

이 시집에서 반복되어 드러나는 행위성에 주목할 때, 위 질문에 대한 답은 의외로 쉽게 구해진다. 이 시집에 수록된 많은 시편에서 사람들은 어디론가 향한다.[2] 그들은 소명처럼 걷기도, 형벌처럼 걷기도 하며, 누군가의 걸음을 마주하기도 한다. 「생의 기원」은 이렇듯 반복적으로 그려지는 시 속 '움직임'이 모종의 에너지에 의해서 추동된다고 말한다.

> 한 사람이 죽는 데에 드는 운동에너지의 양을 상상해 본 적이 있습니까? (중략) 에너지보존법칙이 움직이지 않는 우주의 기본 원칙이라면 인간이 살아 있을 때 가지고 있던 위치에너지와 운동에너지, 열에너지 따위를 소멸시킬 만큼의 몰락이 일어나야 하지 않겠습니까? (중략) 가지고 있던 거의 모든 것을 물리법칙에게 내어주어야 하는 그 순간에도 삶을 지속시키는 힘

2 총 세 편의 「무한히 열두 갈래로 갈라지는 길」 「변론」 「순례」 「작은 손가락으로 만져진 비석」 등을 들 수 있다. 이 시편들은 인물 그 자신이 걷거나, 누군가 걷는 모습을 보거나, 정체불명의 무엇을 포함한 어떤 존재가 그를 향해 달려오거나 하는 방식으로 약간의 변주를 거듭하면서 '어디론가 향하는 사람'의 행위성을 보여준다.

은 어디에서 나옵니까 (중략) // (중략) 동일한 생의 힘을 유지하기 위해서는 처음 누군가가 우리의 등을 밀어줘야 한다는 말입니다. 그 밀어주는 힘, 우리의 등식 안에 포함되지 못하고 부유하는 그 힘이 무엇을 이룩하고 있는지 우리는 알고 있습니까? (중략) 이를테면, 차에 부딪힌 충격의 순간에 우리의 슬픔은 어디로 갑니까? 화학적이지도 물리적이지도 않은, 그러나 그 슬픔 없이 우리를 설명할 수 있단 말입니까? 그 슬픔이 우리를 태어나게 했다고, 우리의 등을 밀어주고 있다고 어떻게 말하지 않을 수 있겠습니까? 슬픔에, 그 슬픔에, 무엇이 없겠습니까?

–「생의 기원」 일부

어떤 에너지가 인간을 살아 움직이게 만든다면, 인간이 죽음에 이르는 순간 그 에너지는 어디로 가며 어떤 형태로 발산되는가? 이 시는 죽음을 가정하여 살아 있음을 가능케 한 에너지의 정체, 달리 말해 삶을 추동하는 힘이 무엇인가에 대해 묻는다. 우리가 이토록 온 힘을 다해 불가해한 인생에서 의미를 찾으려 애쓰며 삶을 지속시켜왔다면, 그 모든 노력, 힘, 에너지는 죽는 순간에 어떤 형태로 발산되느냐는 질문이다.

흥미롭게도 이 시는 삶을 추동하는 에너지를 슬픔에서 찾는다. 이런 식의 정의(定義)로도 괜찮다면,

삶은 끊임없이 이해할 수 없고 납득할 수 없는 장해물과 부딪는 것의 연속이다. 산다는 것은 곧 살아감이며 그런 의미에서 앞으로 나아가는 것을 의미한다. (혹은 멈춰 선다는 것도 일종의 나아감의 한 단계라는 점에서 마찬가지다.) 이 나아감은 의도도 목적도 종착지도 불분명한 채 지속되는 행위라서 인간은 끊임없이 '이렇게 해나가고 있음'에 대한 의미를 찾으려고 한다. 우리가 시 또는 소설을 읽고 어떤 불가해한 것에 의미를 부여하려는 것도 이러한 삶의 지속이라는 사건 자체를 이해하려는 시도와 결코 무관하지 않다. 그러나 그 노력이 얼마나 절실하고 또는 적실하든지 간에, 질문하는 자가 구하는 응답은 쉽게 주어지지 않고 바로 그러한 상황을 맞닥뜨리는 것 자체 또한 무수한 삶의 곤란을 야기하는 것 가운데 하나다. 알고자 하나 알 수 없는 채 지속되는 것 안에서 우리는 끊임없이 질문하고 고투함으로써만 그것을 수용할 수 있다. 그렇기에 삶이란 끝없이 지속되는 고통이라는 장해물을 마주해나가는 사건의 연속이며, 그 과정에서 발생하는 무수한 슬픔을 견인해나가는 것이다. 위 시에서 "그 슬픔에, 무엇이 없겠습니까?"라며 반문하는 까닭이다.

*

김겨울의 시 속에서 때때로 시점(視點)을 달리하면서까지 고통받는 사람들에 대한 모습이 이토록 자주 발견되는 것을, 우리는 이제 조금은 슬프고 너그러운 마음으로 받아들여도 좋을 것이다. 그 고통이란 다만 또 다른 고통을 야기하는 굴레 속에 갇힌 것이 아니라 끊임없이 나아가고자 하는, 슬픔을 견인하는 에너지를 추동하는 것이기에 그렇다. 그의 슬픔에 우리 자신의 슬픔을 조금씩 얹어내고자 할 때, 과연 고통은 배가될까 경감될까. 때론 고통스러움 속에서야 비로소 누적되어가는 힘이 있음을, 삶을 지탱하는 슬픔 속에서 건져내본다.

시간의흐름 시인선 4

우화들
1판 1쇄 2024년 10월 25일 펴냄
1판 2쇄 2024년 11월 5일 펴냄

지은이. 김겨울
펴낸이. 최선혜
편집. 최선혜
디자인. 나종위
인쇄 및 제책. 세걸음
펴낸곳. 시간의흐름
출판등록. 제2017-000066호
주소. 서울시 마포구 토정로 33
이메일. deltatime.co@gmail.com
ISBN 979-11-90999-19-9 02810